CONNEXIONS

EN

MATHÉMATIQUES

Centre de ressources de la Faculté d'éducation
Université d'Ottawa - University of Ottawa
Faculty of Education Resource Centre

CONNEXIONS EN

MATHÉMATIQUES

6ᵉ ANNÉE
CAHIER D'ACTIVITÉS

Guérin Montréal Toronto

4501, rue Drolet
Montréal (Québec) H2T 2G2 Canada
Téléphone: (514) 842-3481
Télécopieur: (514) 842-4923
Courrier électronique: francel@guerin-editeur.qc.ca
Site Internet: http://www.guerin-editeur.qc.ca

LINDA WIESE
WILLIAM FARMER
PETER RIMMELL
DAVID ET ELIZABETH COOPER
KELLY SMITH
JOE HALL

CONNEXIONS EN MATHÉMATIQUES – 6E ANNÉE

Cahier d'activités

Auteurs de la version anglaise

Linda Wiese, H.B.Sc.	Directrice de collection
William Farmer	Enseignant retraité
Peter Rimmell	Enseignant
David Cooper	Enseignant
Elizabeth Cooper	Enseignante
Kelly Smith	Enseignante en mathématiques
Joe Hall	Enseignant retraité
Adaptation au programme de mathématiques	Linda Wiese
Consultant en mathématiques	Robert Laliberté, B.Sc., B.Éd., professeur de didactique des mathématiques, Université d'Ottawa.
Révision linguistique	Colette Tanguay
Conception	Guérin, éditeur ltée

Dépôt légal

ISBN 2-7601-5843-8

Bibliothèque nationale du Québec, 2002
Bibliothèque nationale du Canada, 2002

imprimé au Canada

Nous reconnaissons l'aide financière du gouvernement du Canada par l'entremise du Programme d'Aide au Développement de l'Industrie de l'Édition (PADIÉ) pour nos activités d'édition.

Canada

CONNEXIONS EN MATHÉMATIQUES

Nous sommes heureux de vous présenter **Connexions en mathématiques**. Ce cahier vous amènera en voyage dans le monde des mathématiques. Vous arriverez à destination lorsque vous aurez couvert les attentes, qui sont plus globaux que les contenus d'apprentissage, qui, eux, sont plus particuliers.

Le cahier d'activités se divise en trois parties. Chaque partie comprend cinq chapitres représentant les cinq domaines du curriculum:

- Numération et sens des nombres
- Mesure
- Géométrie et sens de l'espace
- Modélisation et algèbre
- Traitement des données et probabilités

Chacun des cinq chapitres couvre une partie des objectifs d'un domaine donné. Vous serez guidé par les icônes suivants.

 ## POINT DE DÉPART

Cette introduction comprend des définitions et des exemples sur un sujet mathématique particulier qui vont vous aider à entreprendre le voyage.

 ## EN TRANSIT

Cette section équivaut à une promenade pendant le voyage. Vous appliquez les notions nécessaires à l'apprentissage de nouveaux concepts relatifs aux objectifs visés.

 ## CORRESPONDANCE

Cette section est celle de la résolution des problèmes. Vous apprenez à appliquer dans des situations réelles les concepts étudiés précédemment. C'est ainsi que vous arriverez à destination dans l'apprentissage d'un concept mathématique donné.

 **RÉVISION**

Cette section permet de revoir ce que vous avez vu pendant votre voyage. L'écriture et la communication sont mises en valeur dans la rédaction du journal de mathématiques.

 UN PAS DE PLUS

Cette section vous permet d'aller un pas plus loin. Vous appliquez vos connaissances à des situations données. Vous irez «au-delà» de votre destination en explorant de nouvelles avenues.

RÉSOLUTION DE PROBLÈMES

La résolution de problèmes en mathématiques comprend:

1. un problème donné de mathématiques;

2. l'envie de travailler et de résoudre le problème;

3. un obstacle entre le problème et la solution envisagée.

La résolution de problèmes peut être aussi excitante que frustrante. Par la suite, il est facile d'abandonner et d'éviter des situations problématiques. Par contre, plus vous solutionnez de problèmes meilleur vous devenez dans la résolution de problèmes.

Il existe quatre étapes pour vous guider dans la résolution de problèmes.

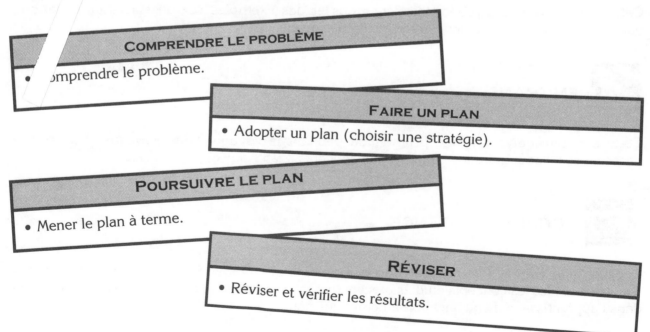

COMPRENDRE LE PROBLÈME

• Comprendre le problème.

FAIRE UN PLAN

• Adopter un plan (choisir une stratégie).

POURSUIVRE LE PLAN

• Mener le plan à terme.

RÉVISER

• Réviser et vérifier les résultats.

Le tableau de la page suivante vous aidera à résoudre des problèmes.

TABLEAU DE LA RÉSOLUTION DE PROBLÈMES

Étapes à suivre pour résoudre un problème.

ÉTAPE 1

Comprendre le problème ➜
- lisez attentivement.

   a) Quelle information dois-je trouver?
- décrivez ce que vous cherchez.

   b) Quelle information m'est donnée?
- trouvez l'information pertinente.

ÉTAPE 2

Choisir une stratégie ➜
- essais et erreurs.

Quelle stratégie puis-je utiliser?
- faites une table.
- cherchez une régularité ou une suite.
- faites un modèle.
- dessinez un diagramme.
- écrivez une équation.
- classifiez les informations.
- servez-vous de la logique.
- solutionnez un problème plus simple.

ÉTAPE 3

Trouver la réponse ➜
- travaillez attentivement.

Appliquer la stratégie
- énumérez vos idées clairement.
- persévérez.

ÉTAPE 4

Vérifier la réponse ➜
- la réponse est-elle raisonnable?

Réviser pour vous assurer d'avoir une bonne réponse
- l'information pertinente a-t-elle été tout utilisée?
- vérifiez l'arithmétique.

ÉTAPE 5

Faire un énoncé final qui répond au problème initial ➜
- la réponse tient-elle dans une phrase complète?

Vous avez essayé diverses méthodes et êtes encore bloqué? Faites autre chose pour quelque temps. Ensuite, revenez à la charge. Quand vous trouvez une réponse, révisez en vous demandant: «Est-ce que ma réponse a du sens? Répond-elle vraiment à la question? Mon calcul est-il exact? Puis-je résoudre ce problème d'une autre façon pour vérifier si j'obtiens la même réponse?»

À la page suivante, vous verrez comment utiliser quelques-unes des stratégies suggérées pour résoudre les problèmes.

PROBLÈME

Jean et Abdul sont deux amis nés à 61 jours d'intervalle, en deux mois consécutifs. Quels sont ces mois?

SOLUTION

Ils sont nés à 61 jours d'intervalle. Donc, si on ajoute 61 jours à l'anniversaire du premier, on obtient le jour d'anniversaire du second. Il faut donc 62 jours pour les deux mois. Il y a plusieurs façons de résoudre ce problème. Essayez celle qui semble la plus facile. Si vous n'y arrivez pas, essayez d'une autre façon. Vous pouvez travailler par déduction logique, vous pouvez faire une liste des mois et du nombre de jours pour chaque mois ou vous pouvez aussi essayer par essais et erreurs.

MÉTHODE	SOLUTION
Utiliser la logique	Le dernier jour d'un mois comportant 31 jours arrive 31 jours après le premier jour du mois. Donc, il faut trouver deux mois ayant 31 jours chacun.
Faire une liste des mois et du nombre de jours de chaque mois	**Mois** **Jour** Janvier 31 Février 28 (29) Mars 31 Avril 30 Mai 31 Juin 30 Juillet 31 Août 31 Septembre 30 Octobre 31 Novembre 30 Décembre 31
Essais et erreurs	Choisissez un mois et comptez 61 jours depuis le premier jour de ce mois. Essayez un autre mois, si ça ne fonctionne pas.

RÉPONSE

Jean et Abdul auraient pu naître entre juillet et août ou entre décembre et janvier.

Nous espérons que vous apprécierez votre voyage dans l'univers des mathématiques tout en effectuant les connexions nécessaires tout au long du périple...

Bon voyage!

TABLE DES MATIÈRES

PARTIE 1

PARTIE 2

PARTIE 3

PARTIE 1

Attentes

- démontrer une compréhension des concepts de nombre premier, nombre composé et de pourcentage.
- appliquer la priorité des opérations arithmétiques.
- représenter et ordonner des nombres entiers négatifs.

Les limites suivantes sont prévues pour l'utilisation d'algorithmes de calculs papier-crayon.

Au-delà de ces limites, l'élève utilisera la calculatrice.

Addition: quatre nombres à 3 chiffres

Soustraction: un nombre à 5 chiffres et un nombre à 4 chiffres

Multiplication: un nombre à 3 chiffres par un nombre à 2 chiffres

Division: un nombre à 4 chiffres par un nombre à 2 chiffres

Contenus d'apprentissage

Nombres naturels

- lire et écrire des nombres naturels jusqu'à 1 000 000 en lettres et de façon symbolique et décomposée.
- lire et écrire des nombres au-delà de 1 000 000 de façon symbolique.
- comparer et ordonner les nombres naturels jusqu'à 1 000 000.
- effectuer des opérations arithmétiques à l'aide de diverses techniques de calcul mental
  (ex.: $5 \times 13 = (5 \times 10) + (5 \times 3) = 50 + 15 = 65$).
- identifier les nombres premiers et les nombres composés inférieurs à 100.
- décomposer des nombres naturels inférieurs à 100 en produits de facteurs premiers.
- multiplier et diviser des nombres naturels à l'intérieur des limites prévues pour les algorithmes de calculs papier-crayon.
- utiliser la priorité des opérations arithmétiques pour résoudre des énoncés comprenant des nombres naturels (ex.: $13 + 40 \times 2 = 13 + 80 = 93$).
- comparer, ordonner et représenter des nombres entiers sur une droite numérique.

Nombres décimaux

- lire et écrire des nombres décimaux jusqu'aux millièmes de façon symbolique.
- comparer et ordonner des nombres décimaux jusqu'aux millièmes.

1.1 LES NOMBRES NATURELS ET LES NOMBRES ENTIERS

Les nombres naturels sont des nombres qui appartiennent à l'ensemble $\mathbb{N} = \{0, 1, 2, 3, 4, ...\}$

Les nombres entiers appartiennent à l'ensemble $\mathbb{Z} = \{..., -3, -2, -1, 0, 1, 2, 3, ...\}$

On peut écrire un nombre entier de différentes façons.

Forme	EXEMPLE
Forme symbolique	611 954
Forme écrite	six cent onze mille neuf cent cinquante-quatre
Forme décomposée	$(6 \times 100\ 000) + (1 \times 10\ 000) + (1 \times 1000) +$ $(9 \times 100) + (5 \times 10) + (4 \times 1)$

EXEMPLE 1:

Écrivez le nombre suivant sous sa forme développée: 4397

SOLUTION:

La *valeur positionnelle* vous indique la valeur de chaque chiffre dans un nombre. Dans notre système numérique, la valeur de chaque position est dix fois plus grande que celle à sa droite.

Milliers	Centaines	Dizaines	Unités
4	3	9	7

Donc, la forme développée de 4397 est: $(4 \times 1000) + (3 \times 100) + (9 \times 10) + (7 \times 1)$.

On peut ordonner les nombres entiers sur une droite numérique.

$$-4\ -3\ -2\ -1\ \ 0\ \ 1\ \ 2\ \ 3\ \ 4$$

REMARQUES:

Les entiers diminuent dans cette direction.

Les entiers augmentent dans cette direction.

 EN TRANSIT

On peut utiliser les nombres entiers pour indiquer la température.

1. Ordonnez ces températures de la plus basse à la plus élevée.

+15 °C; -3 °C; 0 °C; +8 °C; -13 °C; +3 °C

2. Tracez une droite numérique et placez-y les nombres entiers de la question 1 de la page précédente.

3. Tracez une droite numérique dans l'encadré et comparez les nombres entiers ci-dessous. Indiquez soit < ou > entre les paires de chiffres.

a) –12 _____ –3

b) –3 _____ 3

c) –5 _____ 0

d) –7 _____ –2

e) –15 _____ –17

f) –10 _____ –9

CORRESPONDANCE

1. Voici les prévisions météorologiques pour la ville de Thunder Bay pour les 14, 15, 16 et 17 mars.

14 mars	15 mars	16 mars	17 mars
Maximum 3 °C	Maximum –1 °C	Maximum 0 °C	Maximum 3 °C
Minimum –11 °C	Minimum –16 °C	Minimum –15 °C	Minimum –14 °C

a) Trouvez l'écart de température entre les minimums et les maximums pour ces quatre journées.

_____

_____

b) Tracez un graphique utilisant un logiciel pour démontrer ces minimums et maximums. Imprimez-le. Quel genre de graphique représenterait le mieux ces données?

_____

2. Le tableau suivant indique les températures moyennes pour janvier et juillet de quelques villes canadiennes. Répondez aux questions qui suivent le tableau:

Ville	Température moyenne de janvier	Température moyenne de juillet
Aklavik, Territoires du N.-O.	–25 °C	+11 °C
Ottawa, Ontario	–10 °C	+20 °C
Winnipeg, Manitoba	–17 °C	+19 °C
Saint-Jean, Nouveau-Brunswick	–5 °C	+15 °C
Victoria, Colombie-Britannique	+4 °C	+14 °C

a) Quelle ville détient la température la plus froide en janvier?

_____

b) Quelle ville détient la température la moins froide en janvier?

_____

c) Quelle ville détient la température la plus chaude en juillet?

_____

 RÉVISION

1. Dans votre journal de mathématiques, expliquez comment on additionne deux entiers négatifs.

2. Trouvez deux autres applications des nombres entiers dans le monde de tous les jours.

 UN PAS DE PLUS

En utilisant le logiciel *Tuiles Virtuelles* de Nectar Foundation approuvé par le ministère de l'Éducation pour les écoles de l'Ontario, démontrez l'addition et la soustraction d'entiers en utilisant l'environnement de l'addition.

1.2 LES NOMBRES DÉCIMAUX

Rappelez-vous que les nombres décimaux peuvent être écrits avec une virgule.

EXEMPLE 1: 5,65

↕

virgule

Un nombre entier est aussi un nombre décimal. Par exemple, 465 peut s'écrire 465,0; 465,00, etc.

Vous pouvez également utiliser la *valeur positionnelle* pour lire un nombre décimal ou pour trouver la valeur d'un chiffre dans un nombre décimal.

EXEMPLE 1: Lire 82,977

Dizaines	Unités		Dixièmes	Centièmes	Millièmes
8	2	,	9	7	7

Pour lire un nombre décimal:

- Lisez le nombre entier avant la virgule;
- À la virgule, dites «et»;
- Lisez le nombre placé à droite de la virgule comme un nombre entier;
- Nommez la valeur positionnelle du dernier chiffre.

Disons: quatre-vingt-deux et neuf cent soixante-dix-sept millièmes

EXEMPLE 2: Écrivez 0,438 sous forme développée.

SOLUTION:

NOTE: $\frac{1}{10}$ = dixièmes; $\frac{1}{100}$ = centièmes; $\frac{1}{1000}$ = millièmes.

0,438 sous forme écrite se lit comme suit:

quatre dixièmes $\left(4 \times \frac{1}{10}\right)$ plus trois centièmes $\left(3 \times \frac{1}{100}\right)$

plus huit millièmes $\left(8 \times \frac{1}{1000}\right)$.

Ou, sous forme développée, $0,438 = \left(4 \times \frac{1}{10}\right) + \left(3 \times \frac{1}{100}\right) + \left(8 \times \frac{1}{1000}\right)$.

1.3 THÉORIE DES NOMBRES

I) Nombres composés et nombres premiers

La théorie des nombres est une partie des mathématiques qui étudie les propriétés des nombres et les relations entre eux.

> Les *facteurs* sont des nombres entiers qui sont divisibles de façon égale par un autre nombre, sans reste.

> Les *facteurs premiers* sont des nombres entiers qui ne sont divisibles de façon égale que par eux-mêmes. Les **nombres premiers** sont ceux qui n'ont comme facteurs qu'eux-mêmes et «1».

Disons que vous vouliez trouver les facteurs d'un nombre, par exemple 42. Vous avez appris par cœur que $6 \times 7 = 42$. Cela ne veut pas dire que seuls 6 et 7 sont des facteurs de 42. Bien sûr, puisque le nombre 42 est pair, il a donc 2 comme facteur. Les chiffres 4 et 2 additionnés donnent 6. Donc, 42 est divisible par 6. Comme 6 est divisible par 3, 3 est aussi un facteur de 42.

Par conséquent, 2, 3, 6, 7, 14, 21, ainsi que 1 et 42, sont des facteurs de 42. Ils divisent tous 42 sans reste (ou ont zéro comme reste).

EXEMPLES:

1. Écrivez les nombres suivants en tant que produits de facteurs premiers.

48

FACTEURS POSSIBLES

SOLUTION:

$48 \div 2 = 24, 48 \div 3 = 16, 48 \div 4 = 12, 48 \div 6 = 8$

$48 \div 8 = 6, 48 \div 12 = 4, 48 \div 16 = 3, 48 \div 24 = 2$

$48 \div 48 = 1$

$$48 = 2 \cdot 24$$
$$= 2 \cdot 2 \cdot 12$$
$$= 2 \cdot 2 \cdot 2 \cdot 6$$
$$= 2 \cdot 2 \cdot 2 \cdot 2 \cdot 3$$

```
2 | 48
2 | 24
2 | 12
2 | 6
3 | 3
    1
```

Ces nombres sont tous des facteurs premiers.

Tous les nombres entiers, sauf 1 sont des nombres composés ou des nombres premiers.

Un **nombre composé** est un nombre pouvant s'écrire comme le produit de deux nombres, autre que le produit de «1» et du nombre lui-même.

2. Déterminez si ces nombres sont des nombres composés ou des nombres premiers: 14, 98, 89.

$14 = 1 \times 14$
$14 = 2 \times 7$ $\rbrace$ ☞ 4 facteurs   composé

$98 = 1 \times 98$
$98 = 2 \times 49$ $\rbrace$ ☞ 6 facteurs   composé
$98 = 7 \times 14$

$89 = 1 \times 89$ ☞ 2 facteurs   premier

Dans la table ci-dessous, les nombres écrits en **gras** sont des *nombres composés*, les autres nombres sont des *nombres premiers*.

1	**2**	3	**4**	5	**6**	7	**8**	**9**	**10**
11	**12**	13	**14**	**15**	**16**	17	**18**	19	**20**
21	**22**	23	**24**	**25**	**26**	**27**	**28**	29	**30**
31	**32**	**33**	**34**	**35**	**36**	37	**38**	**39**	**40**
41	**42**	43	**44**	**45**	**46**	47	**48**	**49**	**50**
51	**52**	53	**54**	**55**	**56**	**57**	**58**	59	**60**
61	**62**	**63**	**64**	**65**	**66**	67	**68**	**69**	**70**
71	**72**	73	**74**	**75**	**76**	**77**	**78**	79	**80**
81	**82**	83	**84**	**85**	**86**	**87**	**88**	89	**90**
91	**92**	**93**	**94**	**95**	**96**	97	**98**	**99**	**100**

* Le nombre 1 n'est ni un nombre premier ni un nombre composé. C'est vraiment un nombre isolé.

II) Multiples

Les multiples d'un nombre sont les produits du nombre avec d'autres facteurs.

EXEMPLE 1

Trouvez quatre multiples de 4

$1 \times 4 = 4$

$2 \times 4 = 8$

$3 \times 4 = 12$

$4 \times 4 = 16$

4, 8, 12, 16 sont quatre multiples de 4

EXEMPLE 2

Trouvez quatre multiples de 10

$1 \times 10 = 10$

$2 \times 10 = 20$

$3 \times 10 = 30$

$4 \times 10 = 40$

10, 20, 30, 40 sont quatre multiples de 10

LE PLUS PETIT COMMUN MULTIPLE

Le *plus petit commun multiple* (P.P.C.M.) à deux ou plusieurs nombres est le plus petit nombre (sauf 0) qui est un multiple de ces nombres. Il y a deux façons de procéder pour déterminer le P.P.C.M.

PREMIÈRE MÉTHODE: FAIRE UNE LISTE DES MULTIPLES

EXEMPLE:

Trouvez les plus petits communs multiples (P.P.C.M.) de 8, 9, 12. Notez tous les multiples non nuls de chaque nombre, dans l'ordre, jusqu'à ce que vous trouviez le premier multiple commun aux trois suites de nombres.

Multiples de 8:   8, 16, 24, 32, 40, 48, 56, 64, 72, ...
Multiples de 9:   9, 18, 27, 36, 45, 54, 63, 72, ...
Multiples de 12:   12, 24, 36, 48, 60, 72, ...

Donc, 72 est le plus petit commun multiple de 8, 9, et 12.

DEUXIÈME MÉTHODE: FAIRE LA DÉCOMPOSITION EN FACTEURS PREMIERS

Trouvez les plus petits communs multiples (P.P.C.M.) de 8, 9, et 12.

ÉTAPE A) $8 = 2 \times 2 \times 2$
           $9 = 3 \times 3$ Décomposition en facteurs premiers.
           $12 = 3 \times 2 \times 2$

ÉTAPE B)   Trouvez les facteurs communs.

$$
\begin{array}{llll}
8 & ⟨2⟩ \times ⟨2⟩ \times 2 & & \\
9 & & ⟨3⟩ \times 3 & \\
12 & ⟨2⟩ \times ⟨2⟩ \times ⟨3⟩ & &
\end{array}
$$

ÉTAPE C)   Multipliez les facteurs communs et les facteurs supplémentaires.

$$2 \times 2 \times 3 \times 2 \times 3$$

Facteurs communs   Facteurs supplémentaires

∴ 72 est le P.P.C.M.

ÉTAPE D)   Vérification 72 doit être divisible par 8, 9 et 12.

 EN TRANSIT

Les nombres naturels

1. Écrivez les nombres suivants sous forme décomposée.

a) 3276 _____

b) 4782 _____

c) 4040 _____

d) 5007 _____

e) 9267 _____

f) 7503 _____

g) 0,965 _____

h) 0,705 _____

i) 0,777 _____

j) 0,056 _____

k) 0,308 _____

l) 0,926 _____

m) 23,456 _____

n) 367,914 _____

o) 356,214 _____

p) 58,954 _____

q) 963,250 _____

2. Écrivez les nombres développés suivants sous leur forme symbolique.

a) $(3 \times 1000) + (5 \times 100) + (7 \times 10) + (9 \times 1)$

_____

b) $(9 \times 1000) + (5 \times 1) + \left(5 \times \dfrac{1}{100}\right)$

_____

c) $(6 \times 100 + 3) + \left(8 \times \dfrac{1}{10}\right) + \left(4 \times \dfrac{1}{1000}\right)$

_____

d) $(1 \times 1000) + (7 \times 10) + \left(3 \times \dfrac{1}{1000}\right)$

_____

e) $(3 \times 10 + 5) + \left(2 \times \dfrac{1}{10}\right) + \left(2 \times \dfrac{1}{100}\right) + \left(8 \times \dfrac{1}{1000}\right)$

_____

f) $(9 \times 100\ 000) + (5 \times 1000) + (3 \times 100) + (2 \times 10)$

_____

3. Indiquez comment s'écrivent les nombres suivants. (**Note**: le mot *et* n'apparaît que pour les décimales.)

a) 675 _____

b) 3276 _____

c) 4782 _____

d) 4040 _____

e) 5007 _____

f) 9267 _____

g) 7503 _____

h) 0,123 _____

i) 0,965 _____

j) 0,705 _____

k) 0,777 _____

l) 0,056 _____

m) 0,30 _____

n) 0 _____

___ 56 _____

___ ,914 _____

q) 965,214 _____

EN TRANSIT

1. Ordonnez les nombres de chaque groupe du plus petit au plus grand.

a) 5,2; 52; 3,46; 9,63

_____

b) 0,04; 0,004; 0,056; 0,125

_____

c) 4,65; 2,36; 2305; 22,206

_____

d) 372,6; 372,06; 372; 372,006

_____

e) 52,36; 52,07; 525,35; 525,005

_____

2. Complétez. Mettez le signe < (plus petit) ou > (plus grand).

a) 380 350 _____ 352 347

b) 525 895 _____ 522 426

c) 425 236 _____ 255 347

d) 35 227 _____ 85 636

e) 2884 _____ 5286

3. Écrivez les nombres suivants en chiffres de façon symbolique.

a) quatre cent cinquante-deux et sept cent trente-cinq millièmes _____

b) cinq cent trois millièmes _____

c) neuf mille six cent trente-huit _____

d) huit cent trente-cinq _____

e) cinquante-cinq mille deux cent vingt-trois _____

4. Faites mentalement les opérations qui suivent, en vous basant sur la forme décomposée des nombres. Le premier a été solutionné pour vous servir d'exemple.

a) 345×6

$$(3 \times 100 + 4 \times 10 + 5) \times 6$$
$$= 3 \times 6 \times 100 + 4 \times 6 \times 10 + 5 \times 6$$
$$= 18 \times 100 + 24 \times 10 + 30$$
$$= 1800 + 240 + 30 \quad \text{(ou 18 centaines + 2 centaines 4 dizaines + 3 dizaines)}$$
$$= 1800 + 200 + 40 + 30$$
$$= 2040 + 30$$
$$= 2070$$

b) 367×8

_____
_____
_____
_____

c) 405×5

_____
_____
_____

d) 963×3

_____
_____
_____

e) 963×30

_____

_____

_____

f) 405×25

_____

_____

_____

g) 367×28

_____

_____

_____

_____

5. Quel est le plus grand produit? Pensez à arrondir. (Utilisez le symbole ≈ pour indiquer l'approximation)

a) 20×406 ou 12×798?

_____

_____

_____

_____

b) 37×207 ou 25×315?

_____

_____

_____

_____

c) 18×542 ou 23×408?

_____

_____

_____

_____

6. Écrivez les nombres suivants en tant que produits de facteurs premiers.

a) 77 _____

b) 63 _____

c) 99 _____

d) 36 _____

e) 66 _____

f) 24 _____

g) 35 _____

h) 40 _____

i) 54 _____

j) 64 _____

7. Déterminez si ces nombres sont des nombres composés ou des nombres premiers. Indiquez vos réponses par un crochet dans la colonne appropriée.

Nombres	Premiers	Composés
43		
27		
77		
47		
53		
51		
57		
61		
63		
67		
69		
71		
73		
77		
79		
81		
83		
87		
89		

CORRESPONDANCE

1. Choisissez un multiple (nombre composé) du facteur donné qui se situe dans l'intervalle spécifié. Trouvez les facteurs premiers de ce nombre. Le premier a été solutionné pour vous servir d'exemple.

	Facteur	50 – 100	Facteurs premiers
A	6	72	$2 \times 2 \times 2 \times 3 \times 3$
B	7		
C	23		
D	17		
E	15		
F	9		
G	26		
H	37		
I	3		
J	19		
K	11		
L	39		

2. La ville de Thunder Bay (Ontario) reçoit une moyenne annuelle de 3100 heures d'ensoleillement. Si la moyenne était calculée sur une période de 10 années, combien d'heures d'ensoleillement cela représenterait-il? Quelle est la moyenne quotidienne d'ensoleillement? Est-il réaliste de croire que si c'est ensoleillé aujourd'hui, ce sera aussi ensoleillé demain? Cette idée de moyenne est-elle trompeuse?

3. Dressez une liste des nombres premiers de 2 à 101 sous forme de tableau.

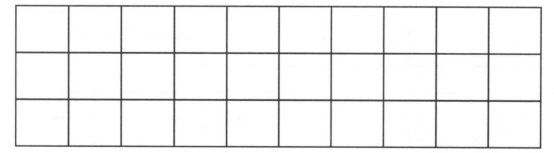

© Guérin, éditeur ltée

RÉVISION

Comment appliqueriez-vous la notion de facteurs à un métier comme celui de vitrier. Il évalue à l'aide de facteurs, l'épaisseur de mastic nécessaire pour joindre les tuiles de céramique d'un mur de douche ou de salle de bain. Dans votre journal de mathématiques, donnez 10 autres exemples d'utilisation de facteurs. Spécifiez la façon dont ils sont appliqués.

 UN PAS DE PLUS

Les fermiers se servent de certains pesticides pour contrôler les plantes et les insectes indésirables. Afin de protéger l'environnement et les consommateurs, les fermiers doivent être très précis sur la quantité de pesticide utilisée. Un fermier doit vaporiser 12 hectares. La quantité d'insecticide recommandée est de 10 grammes par hectare. Combien de grammes d'insecticide devra-t-il insérer dans le vaporisateur? Si le vaporisateur épand 75 litres par hectare, combien lui faudra-t-il ajouter d'eau pour que la dose soit respectée?

_____

_____

_____

_____

CHAPITRE 2
MESURE

Attentes

- exprimer une mesure linéaire de plusieurs façons équivalentes à l'aide de diverses unités.
- démontrer une compréhension de certaines unités de mesure conventionnelles (dam, hm, m/s, km/h).
- démontrer une compréhension de la relation entre le rayon et le diamètre d'un cercle.
- démontrer une compréhension du concept de vitesse.

Contenus d'apprentissage

Unités de mesure

- choisir l'unité de mesure la plus appropriée (ex.: mm, cm, dm, m, dam, hm ou km) et l'utiliser pour mesurer ou pour estimer une longueur donnée.
- établir et décrire les relations entre les unités de mesure linéaire (mm, cm, dm, m, dam, hm ou km).
- effectuer des conversions entre des unités de longueur (ex.: 150 cm = 1,5 m).
- estimer, mesurer et calculer le périmètre de triangles et de parallélogrammes.
- tracer un triangle ou un parallélogramme d'un périmètre donné.
- mesurer la circonférence, le rayon et le diamètre d'objets circulaires.
- établir la relation entre le rayon et le diamètre d'un cercle.
- lire et écrire des montants d'argent jusqu'à 10 000 $.
- estimer et compter des montants d'argent jusqu'à 10 000 $ à l'aide d'une calculatrice.
- représenter des montants d'argent inférieurs à 100 $ à l'aide du plus petit nombre de pièces de monnaie et de billets possible.
- établir la relation entre le temps, la distance parcourue et la vitesse (ex.: si une voiture roule à 100 km/h, elle pourra parcourir 100 km en une heure).
- estimer et mesurer la vitesse de certains objets en mouvement (ex.: en m/s).

Le mesurage est l'action d'obtenir une mesure. Une mesure est une indication précise, en unités, de la grandeur de quelque chose.

La mesure linéaire signifie la mesure d'une longueur. Les termes les plus fréquemment utilisés pour indiquer des mesures linéaires sont: la hauteur, la distance, l'épaisseur, la largeur et la longueur.

Les outils ou instruments les plus fréquemment utilisés pour prendre des mesures linéaires sont les règles, les mètres, les mètres à ruban et les odomètres.

 EN TRANSIT

1. Parmi les exemples suivants, quelles mesures sont linéaires? Identifiez-les par «O» (pour oui) ou par «N» (pour non).

   a) la profondeur d'une piscine _____

   b) la taille d'une personne _____

   c) l'assistance à une partie de hockey _____

   d) la grandeur d'une cour _____

   e) la vitesse maximale à vélo _____

   f) l'heure de la journée _____

   g) la quantité de biscuits dans une boîte _____

   h) le poids d'un éléphant _____

2. Voici une liste d'instruments que l'on utilise pour mesurer les distances. Décrivez l'utilisation de chaque instrument puis donnez trois exemples d'objets qui pourraient être mesurés avec chacun d'eux.

   a) RÈGLE

   Comment l'utiliser: _____

   _____

   Je l'utiliserais pour mesurer: *i)* _____

   ii) _____

   iii) _____

   b) MÈTRE À RUBAN

   Comment l'utiliser: _____

   _____

   Je l'utiliserais pour mesurer: *i)* _____

   ii) _____

   iii) _____

c) MÈTRE

Comment l'utiliser: _____

_____

Je l'utiliserais pour mesurer: *i)* _____

ii) _____

iii) _____

d) ODOMÈTRE

Comment l'utiliser: _____

_____

Je l'utiliserais pour mesurer: *i)* _____

ii) _____

iii) _____

CORRESPONDANCE

Quel instrument choisiriez-vous pour mesurer ce qui suit? Expliquez votre choix.

a) Pour trouver la longueur d'un doigt, j'utiliserais _____

_____

b) Pour trouver la longueur d'un terrain de football, j'utiliserais _____

_____

c) Pour trouver la distance entre deux villes, j'utiliserais _____

_____

d) Pour trouver ma taille, j'utiliserais _____

_____

e) Pour trouver l'épaisseur d'un dix sous, j'utiliserais _____

_____

f) Pour trouver la distance entre chez moi et l'école, j'utiliserais _____

_____

UN PAS DE PLUS

Vous avez la tâche de mesurer la distance autour d'un large tronc d'arbre et la distance autour d'une piscine circulaire. Vous ne disposez que d'une règle comme instrument de mesure. Décrivez comment vous vous acquitterez de votre tâche. Quels objets, outre les instruments de mesure, pourront vous aider?

Les unités de mesure métriques les plus fréquemment utilisées pour mesurer la distance sont le millimètre, le centimètre, le mètre et le kilomètre.

En voici les abréviations:

millimètre = *mm*   centimètre = *cm*

mètre = *m*   kilomètre = *km*

EN TRANSIT

1. Quelles unités de mesure utiliseriez-vous pour mesurer ce qui suit?

a) l'épaisseur d'une pièce de un dollar _____

b) la largeur d'un livre _____

c) la distance entre Montréal et Toronto _____

d) la longueur d'un terrain de football _____

e) la hauteur d'une porte _____

f) la largeur de votre pouce _____

g) la distance de l'école à chez vous _____

h) la largeur d'un disque compact _____

i) la longueur de votre chambre _____

j) la distance autour d'une piste de course _____

CORRESPONDANCE

Nommez deux objets que vous mesurez à l'aide des unités suivantes.

MILLIMÈTRES   *i)* _____   *ii)* _____

CENTIMÈTRES   *i)* _____   *ii)* _____

MÈTRES   *i)* _____   *ii)* _____

KILOMÈTRES   *i)* _____   *ii)* _____

UN PAS DE PLUS

1. Approfondissez l'historique des mesures. Qu'utilisaient les gens avant la découverte d'outils à mesurer tels que la règle?

_____

_____

_____

_____

2. Préparez un petit compte rendu dans lequel vous comparez le système métrique au système impérial.

_____

_____

_____

_____

3. Découvrez comment l'«uniformisation» s'est produite.

_____

_____

_____

_____

Changer les unités de mesure

10 mm	= 1 cm
100 cm	= 1 m
1000 mm	= 1 m
1000 m	= 1 km

Quand on remplace une petite unité par une plus grande unité, le nombre d'unités diminue.
On divise par 10, 100 ou 1000.

Quand on remplace une grande unité par une plus petite unité, le nombre d'unités augmente.
On multiplie par 10, 100 ou 1000.

EXEMPLES

91 m = 0,91 cm   1,4 km = 1400 m   22 mm = 2,2 cm   29 cm = 290 m

1300 m = 1,3 km   1465 m = 1,465 km   280 cm = 2,8 m   11 cm = 110

EN TRANSIT

1. Complétez les équivalences en tenant compte de l'unité demandée.

a) 325 cm = _____ m   **b)** 2,7 m = _____ cm   **c)** 76 ___ = _____ m

d) 8 cm = _____ mm   **e)** 2500 m = _____ km   **f)** 4 ___ = _____ m

g) 540 m = _____ km   **h)** 0,45 km = _____ m   **i)** _____ cm = 0,048 km

2. Complétez le tableau suivant.

mètres	centimètres	millimètres
	430	
		870
0,5		
	75	

CORRESPONDANCE

1. Combien de morceaux de 25 cm de longueur peuvent être prélevés sur un tube de 1,4 m de longueur?

RÉPONSE: _____

2. Une joueuse de ballon-panier mesure 206 cm. Debout, elle peut atteindre une hauteur de 70 cm au-dessus de sa tête. À quelle hauteur doit-elle sauter pour déposer le ballon dans le panier, si celui-ci est placé à 3,05 m du sol?

RÉPONSE: _____

3. Un tapis mesure 3,80 mètres de longueur. Il est placé à 15,5 cm du mur de droite et à 12,5 cm du mur de gauche. Combien mesure le plancher de cette pièce?

RÉPONSE: _____

Si le tapis est centré, à quelle distance du mur serait-il?

RÉPONSE: _____

4. Martha court sur une piste de 250 m. Combien de tours doit-elle effectuer pour compléter 8 km?

RÉPONSE: _____

UN PAS DE PLUS

1. Complétez le tableau ci-dessous.

mm	cm	m	km
		1	
			1
1			
	1		

2. Recherchez quelques anciennes unités de mesure et disposez-les en tableau. Présentez votre tableau en classe.

_____

_____

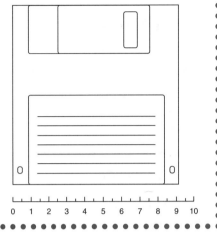

EXEMPLE:

Pour estimer la longueur d'une disquette, arrondissez à la $\frac{1}{2}$ près.

Par exemple, ici nous arrondissons à 9 cm, car la longueur réelle, qui est de 9,2 cm, est plus près de 9,0 cm que de 9,5 cm.

EN TRANSIT

À l'aide d'une règle graduée en centimètres, d'un mètre ou d'un mètre à ruban gradué en centimètres, estimez d'abord puis mesurez les distances suivantes. Notez vos résultats dans ce tableau. Complétez les cinq dernières rangées avec des objets de votre choix.

OBJET	ESTIMATION EN CENTIMÈTRES	MESURE RÉELLE EN CENTIMÈTRES	ÉCART
Longueur de votre pupitre			
Largeur de votre pupitre			
Longueur d'un cahier de bord			
Longueur de la salle de classe			
Largeur de la salle de classe			
Longueur d'un trombone			
Largeur d'un crayon			
Diamètre d'un dix cents			

CORRESPONDANCE

Répondez aux questions suivantes avec un coéquipier.
Estimez, ensuite mesurez.

* Ma taille (hauteur) est _____

* Mon tour de tête est _____

* La distance entre mes yeux est _____

* Le tour de ma taille mesure _____

* Le tour de mon poing mesure _____

* La distance entre mon genou et le sol est _____

* La longueur de mon pied est _____

* La largeur de mon pied est _____

* Le tour de mon cou mesure _____

* La distance d'un œil à l'autre (incluant les yeux) est _____

* La distance du bas de mon nez au bas du menton est _____

* La distance entre mes mains en ayant les bras en croix est _____

* La distance entre mes cinq doigts lorsque ma main est étendue est _____

* La distance entre le dessus de ma tête et mon genou est _____

* La distance entre mon coude et mon poignet est _____

Remplissez les espaces avec les noms des parties du corps correspondantes.

			Rapports estimés
_____	à	_____	= 1 pour 1
_____	à	_____	= 1 pour 2
_____	à	_____	= 3 pour 1
_____	à	_____	= 4 pour 1
_____	à	_____	= 2 pour 3

---

i) Comparez vos résultats avec ceux d'un collègue. _____

ii) En quoi les résultats sont-ils semblables? En quoi sont-ils différents?_____

iii) Faites un compte rendu (sur une autre feuille) de ce que vous avez découvert sur vous-mêmes.

Le périmètre est la distance autour d'un polygone.

Les *quadrilatères* sont des polygones ayant 4 côtés.

Pour les quadrilatères ayant des côtés congruents, on peut utiliser une formule:

EXEMPLE 1 Trouvez le périmètre.

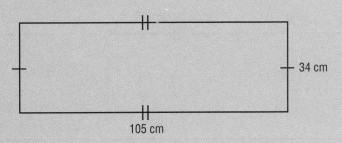

Additionnez 105 + 105 + 34 + 34

Le périmètre est 278 cm.

EXEMPLE 2 Trouvez le périmètre en cm.

Convertissez d'abord 100 mm en 10 cm

Additionnez ensuite:
20 + 20 + 10 + 10

Le périmètre est 60 cm.

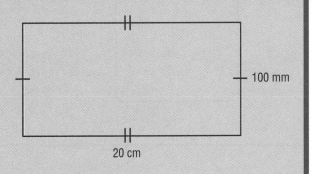

1. Trouvez le périmètre des figures suivantes.

a)
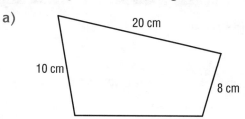

20 cm
10 cm
8 cm
15 cm

b)
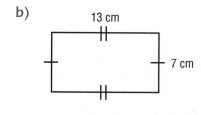

13 cm
7 cm

c)
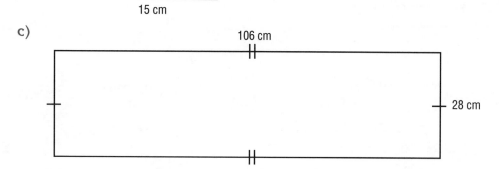

106 cm
28 cm

d)
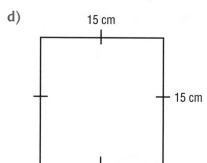

15 cm
15 cm

e)
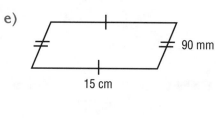

90 mm
15 cm

f)
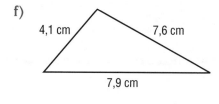

4,1 cm
7,6 cm
7,9 cm

g)
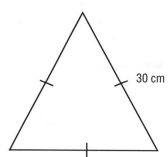

30 cm

h)
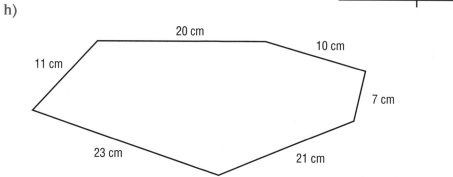

20 cm
10 cm
11 cm
7 cm
23 cm
21 cm

a) _____ b) _____ c) _____

d) _____ e) _____ f) _____

g) _____ h) _____

2. À l'aide d'une règle, dessinez cinq parallélogrammes de dimensions différentes. Toutes les mesures doivent être en centimètres.

Calculez le périmètre de chaque parallélogramme. Notez vos résultats dans ce tableau.

Parallélogramme	Largeur	Longueur	Périmètre

En vous basant sur l'information notée dans le tableau, pouvez-vous établir une relation entre la longueur, la largeur et le périmètre? Notez vos observations ci-dessous.

_____

_____

Créez une formule permettant de trouver le périmètre de n'importe quel rectangle.

Voici ma formule: _____

3. Tracez un triangle ayant un périmètre de 15 cm. _____

4. Tracez un parallélogramme ayant un périmètre de 20 cm. _____

Voici les dimensions d'une maison et du terrain qui l'entoure. Calculez le périmètre de chaque section.

a) Cour avant: _____ b) Maison: _____ c) Terrasse: _____

d) Potager: _____ e) Cour arrière: _____ f) Jardin: _____

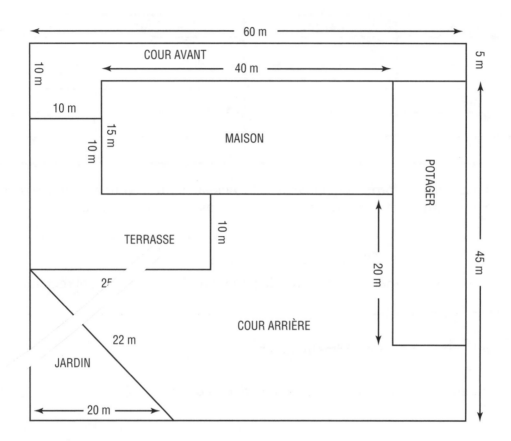

1. Anna et Shana sont deux sœurs qui fréquentent la même école. Elles quittent l'école en même temps mais empruntent des chemins différents pour rentrer chez elles. En considérant qu'elles marchent à la même vitesse, dites laquelle arrivera la première à la maison.

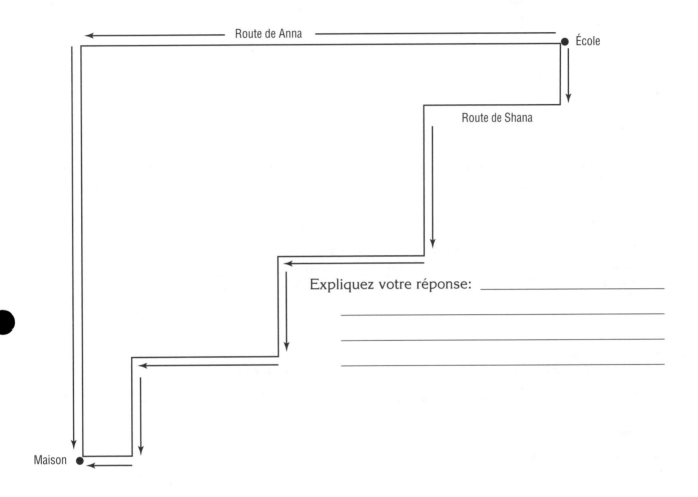

Route de Anna

École

Route de Shana

Expliquez votre réponse: _____

_____

_____

_____

Maison

2. Les carrés sont des rectangles spéciaux. Dans l'espace ci-dessous, expliquez ce qui rapproche et ce qui distingue les carrés et les rectangles.
Si vous connaissiez la longueur d'un côté du carré, comment trouveriez-vous son périmètre? Créez une formule permettant de trouver le périmètre de n'importe quel carré. Adaptez la formule au calcul du périmètre de n'importe quel polygone.

_____

_____

_____

_____

_____

3. Le périmètre de chacune de ces figures est de 20 cm. Quelle est la longueur des autres côtés?

a)

5 cm

b)

7 cm

a) _____   b) _____

4. Un terrain de jeux est trois fois plus long que large. La largeur est de 33 mètres. Vous désirez installer une clôture autour du terrain. De combien de mètres de clôture vous faudra-t-il?

_____

5. Un fermier veut clôturer son champ de maïs afin d'empêcher les écureuils et les ratons laveurs de manger sa récolte. Le champ mesure 220 mètres par 960 mètres. Combien faudra-t-il de poteaux de clôture s'ils sont placés à 20 mètres d'intervalle?

_____

6. Le périmètre d'un parallélogramme est de 24 unités. Énumérez toutes les longueurs latérales possibles (avec des nombres entiers) de ce parallélogramme.

_____

UN PAS DE PLUS

Décrivez brièvement cinq occasions où les connaissances concernant le périmètre seraient utiles.

_____
_____
_____
_____
_____
_____
_____
_____
_____

2.6 LA CIRCONFÉRENCE, LE DIAMÈTRE ET LE RAYON D'UN CERCLE

La **circonférence** est la distance autour d'un cercle, ou le périmètre. Le segment qui coupe le cercle en passant par le centre se nomme le **diamètre**. Il existe un rapport spécial entre le diamètre et la circonférence d'un cercle. Le **rayon** d'un cercle est la longueur du segment partant de son centre et se terminant à un point quelconque sur ce cercle. La circonférence, le diamètre et le rayon sont mesurés en longueurs linéaires comme des centimètres et des kilomètres. On peut retrouver plusieurs rayons et plusieurs diamètres, chacun passant par le centre du cercle.

Pour visualiser un rayon, on n'a qu'à regarder une roue de bicyclette. Pour le diamètre, on peut le retrouver en regardant une coupe d'une petite pizza.

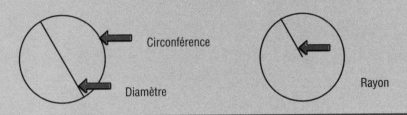

Pour la prochaine activité, trouvez six objets circulaires. Mesurez la circonférence d'un objet circulaire en plaçant une corde autour de l'objet. Prenez la longueur de la corde et placez-la sur une règle à mesurer. Prendre en note la mesure.

Pour mesurer le diamètre, trouvez la distance la plus grande d'un côté à l'autre du cercle. Cette distance passe à travers le centre.

 EN TRANSIT

1. Trouvez six objets circulaires. Mesurez leur circonférence et leur diamètre.

Circonférence C (cm)	Diamètre d (cm)	$C \div d$

Que remarquez-vous? _____

Vous venez de découvrir la relation spéciale entre la circonférence d'un cercle et son diamètre. Pour n'importe quel cercle, si on divise sa circonférence par son diamètre, on obtient une valeur proche de 3,14159. On utilise la lettre grecque π pour représenter la valeur de ce nombre. Donc, π = 3,14.

2. Le diamètre d'un cercle mesure 5 cm. Quelle est sa circonférence?

_____

3. Le rayon d'un cercle mesure 2,5 cm. Quelle est sa circonférence?

_____

4. La circonférence d'un cercle est de 13,5 cm. Quel est son diamètre?

_____

5. La circonférence d'une pizza est de 25,36 cm. Quelle est la mesure de son rayon?

_____

CORRESPONDANCE

1. Le diamètre d'un filet de ballon-panier est de 55 cm. Quelle est sa circonférence?

_____

2. Mesurez les diamètres de ces pièces de monnaie et calculez leur circonférence.

    a) un cent_____

    b) une pièce de 5 cents _____

    c) une pièce de 25 cents _____

3. Un clown saute d'une tour de 10 m de hauteur à travers un cerceau entouré de feu. Il plonge dans une piscine. Le diamètre du cerceau est de 1,5 cm et le diamètre de la piscine est de 7,0 m. Trouvez la circonférence du cerceau et celle de la piscine.

_____

_____

_____

RÉVISION

Dans votre journal de mathématiques, décrivez comment on peut déterminer la circonférence quand on connaît le diamètre ou le rayon.

UN PAS DE PLUS

1. Faites une recherche dans Internet. Pouvez-vous trouver qui a découvert la relation de π?

2. Utilisez le logiciel *Cybergéomètre*®, un logiciel approuvé par le ministère de l'Éducation que l'on retrouve dans les écoles de l'Ontario. Dessinez un cercle et essayez de varier sa grosseur. Qu'arrive-t-il au diamètre et à la circonférence?
Qu'arrive-t-il au quotient de la circonférence divisée par le diamètre?

2.7 TEMPS ET ARGENT

2.7.1 HORLOGE DE 12 HEURES ET DE 24 HEURES

 **EN TRANSIT**

1. Expliquez en vos propres mots la différence entre une horloge de 12 heures et une horloge de 24 heures.

   _____

   _____

   _____

   _____

   _____

   _____

   _____

   _____

   _____

   _____

2. Expliquez les avantages et les inconvénients de chacune.

   _____

   _____

   _____

   _____

   _____

   _____

   _____

   _____

   _____

6. Indiquez le plus petit nombre possible de pièces de monnaie et de billets nécessaire pour équivaloir chaque somme. Vous pouvez utiliser de l'argent de jeu.

a) 75,84 $ _____

b) 38,59 $ _____

c) 64,27 $ _____

d) 98,19 $ _____

e) 26,95 $ _____

CORRESPONDANCE

1. Louis a acheté les articles suivants: un casque de vélo à 35,95 $ et un cadenas à 15,98 $. La caisse enregistreuse a affiché 51,93 $. Quelle était l'estimation de Louis pour savoir si la caissière s'est trompée ou non?

_____

_____

_____

2. Estimez le résultat de chaque facture. Démontrez votre choix de stratégie.

Estimation

a) 10 568,00 $
   2 468,23 $
   756,59 $

Estimation

b) 467,95 $
   499,99 $
   1527,24 $

3. Le salaire de M. Roberge est de 2 459,45 $ pour 1 mois. Ses dépenses pour le mois sont:

a)
Loyer:	825,00 $
Épicerie:	250,95 $
Vêtements:	236,78 $
Électricité:	75,45 $
Loisirs:	84,67 $
Paiement automobile:	145,87 $
Assurances:	55,67 $
Épargne:	200,00 $

Estimez, au dollar près, le montant d'argent qui reste. Utilisez une calculatrice pour trouver la somme précise.

_____

_____

4. Estimez, au dollar près, la somme de chacune des factures suivantes. Utilisez ensuite une calculatrice pour trouver le montant réel. Y a-t-il une différence? Si oui, de combien?

a) 3 456,78 $
       345,34 $
    1 265,35 $
      739,17 $

b) 5 445,26 $
    2 278,69 $
      828,49 $
      528,56 $

 RÉVISION

Dans votre journal de mathématiques, inventez un budget pour une somme d'argent que vous avez à gérer. Indiquez les montants pour tous les coûts que vous prévoyez et estimez les montants de vos dépenses en arrondissant les prix des items que vous allez acheter.

CHAPITRE 3
GÉOMÉTRIE ET SENS DE L'ESPACE

3.1 ESTIMER LES ANGLES

Attentes
- classifier les quadrilatères.
- appliquer les propriétés des triangles isocèles et équilatéraux.

Contenus d'apprentissage

Figures planes
- classifier les polygones en fonction du nombre d'axes de symétrie.
- classifier, à l'aide d'un diagramme de Venn, les quadrilatères les uns par rapport aux autres en se basant sur les relations d'inclusion et d'exclusion (ex.: tous les carrés sont des rectangles).
- appliquer les propriétés d'angles égaux dans les triangles isocèles et équilatéraux pour déterminer les mesures manquantes d'angles dans diverses figures.
- estimer la mesure d'angles jusqu'à 360° et les mesurer à l'aide d'un rapporteur.
- construire, à l'aide d'une règle et d'un rapporteur, divers polygones de mesures données.
- démontrer la congruence de figures en mesurant les angles et les côtés et en associant les parties égales.
- créer des dallages réguliers et semi-réguliers.

• •

Quelles sont vos compétences pour estimer les angles? Vous le verrez dans cette section.

• •

1. Estimez, en degrés, la grandeur de ces angles. Vérifiez ensuite vos réponses à l'aide d'un rapporteur d'angles.

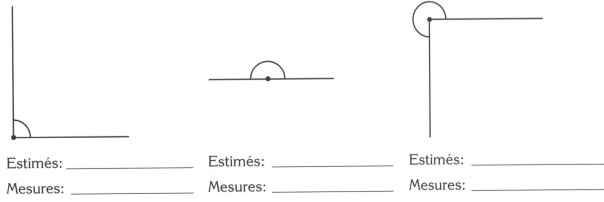

Estimés: _____   Estimés: _____   Estimés: _____

Mesures: _____   Mesures: _____   Mesures: _____

Savez-vous reconnaître des angles droits et des angles plats? Si oui, vous pouvez utiliser les *angles de référence* qui sont des multiples de 90° pour vous aider à estimer les autres angles.

2. Chacun des angles suivants mesure 10° de plus, ou 10° de moins qu'un angle de 0°, 90°, 180°, 270° ou 360°. Indiquez l'angle de référence et la mesure réelle de chaque angle à l'aide du rapporteur d'angles.

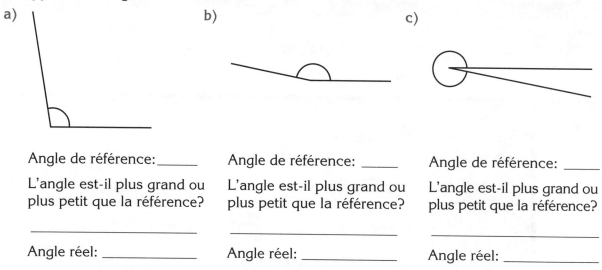

a)

b)

c)

Angle de référence:_____

Angle de référence: _____

Angle de référence: _____

L'angle est-il plus grand ou plus petit que la référence?

L'angle est-il plus grand ou plus petit que la référence?

L'angle est-il plus grand ou plus petit que la référence?

_____

_____

_____

Angle réel: _____

Angle réel: _____

Angle réel: _____

Un autre exercice qui peut vous aider à estimer des angles consiste à estimer la position de la bissectrice d'un angle droit. Une bissectrice coupe un angle en deux parties égales.

3. Dessinez la bissectrice des angles suivants sans utiliser de rapporteur d'angles. Vérifiez votre estimation à l'aide du rapporteur d'angles.

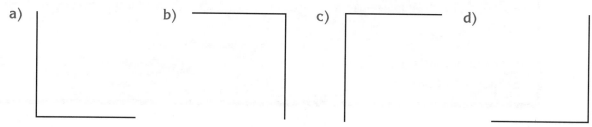

a)　　　　　　　　b)　　　　　　　　c)　　　　　　　　d)

Ces bissectrices peuvent également servir d'angles de référence. Elles sont placées à mi-distance entre les angles qui sont des multiples de 90°, c'est-à-dire à 45°, 135°, 225° et 315°.

4. Chacun des angles suivants mesure 10° de plus, ou 10° de moins à un angle qui est un multiple de 90° ou un angle à mi-chemin entre ces multiples. Indiquez l'angle de référence et la mesure réelle de chaque angle à l'aide du rapporteur d'angles.

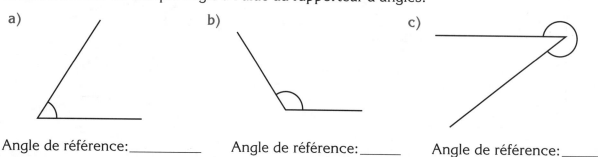

a)　　　　　　　　　　　　b)　　　　　　　　　　　　c)

Angle de référence:_____

Angle de référence:_____

Angle de référence:_____

L'angle est-il plus grand ou plus petit que la référence?	L'angle est-il plus grand ou plus petit que la référence?	L'angle est-il plus grand ou plus petit que la référence?

Angle réel: _____ | Angle réel: _____ | Angle réel: _____

d) | e) | f)

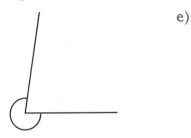

Angle de référence: _____ | Angle de référence: _____ | Angle de référence: _____

Angle réel: _____ | Angle réel: _____ | Angle réel: _____

 EN TRANSIT

1. Estimez la mesure des angles suivants sans utiliser le rapporteur d'angles. Vérifiez ensuite votre estimation à l'aide du rapporteur d'angles. Complétez le tableau ci-dessous.

Angle	Estimé	Mesure	Erreur	Angle	Estimé	Mesure	Erreur
∠QDP				∠WXY			
∠DEF				∠DAL			
∠WEB				∠PMN			
∠LAP				∠JDQ			
∠GHJ				∠STR			

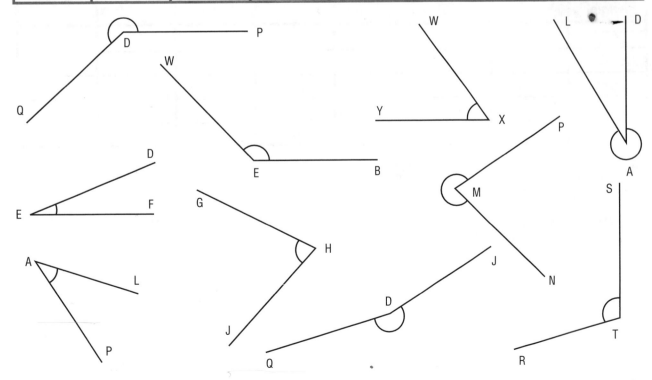

2. Pour cet exercice, il vous faut du carton, des ciseaux et une attache parisienne. Découpez deux longs rectangles de carton. Percez un trou à chaque extrémité de chaque rectangle. Dessinez une ligne allant du centre de l'ouverture jusqu'à l'extrémité opposée. Joignez les deux rectangles en passant l'attache dans l'ouverture. L'attache devient le sommet de l'angle et les deux rectangles, les bras de l'angle. Formez un angle et estimez sa mesure. Vérifiez avec le rapporteur. L'écart entre les deux est votre pointage. Le gagnant est celui qui obtient le plus bas pointage sur cinq essais.

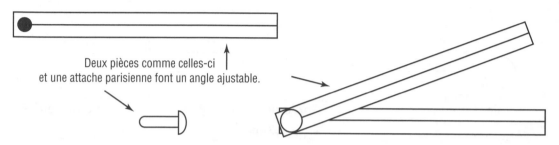

Deux pièces comme celles-ci et une attache parisienne font un angle ajustable.

3. Estimez la grandeur des angles intérieurs du décagone suivant. Mesurez les angles avec un rapporteur et calculez les erreurs de vos estimés.

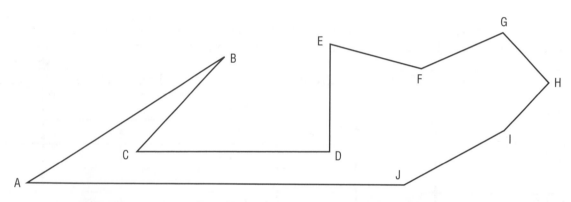

Angle	Estimé	Mesure	Erreur	Angle	Estimé	Mesure	Erreur
∠ABC				∠BCD			
∠CDE				∠DEF			
∠EFG				∠FGH			
∠GHI				∠HIJ			
∠IJA				∠JAB			

4. Dessinez les angles suivants à l'aide d'une règle et d'un crayon. Vérifiez ensuite la justesse de vos réponses avec le rapporteur d'angles.

   a) 75°   **b)** 120°   **c)** 45°   **d)** 200°

e) 15°   f) 165°   g) 30°   h) 90°

 ## CORRESPONDANCE

Pour cet exercice, il vous faut un angle ajustable comme celui décrit au numéro 2 de la section EN TRANSIT, ainsi que deux dés. Lancez les dés. Multipliez mentalement les deux nombres. Multipliez ensuite ce produit par 10 pour obtenir la mesure d'un angle en degrés. Tentez de former un angle égal à celui que vous avez calculé. Mesurez-le avec le rapporteur d'angles. L'écart entre les deux angles est votre pointage. Le gagnant est celui qui obtient le plus bas pointage après cinq essais.

Premier dé	Deuxième dé	Angle à estimer	Angle réel	Pointage

 ## RÉVISION

1. Décrivez, dans votre journal de mathématiques, la méthode que vous employez pour estimer les angles.

2. Révisez vos réponses aux questions précédentes et décrivez les types d'angles qui vous semblent les plus difficiles à estimer: aigu, obtus ou rentrant? Avez-vous tendance à surestimer ou à sous-estimer vos mesures?

3. Cachez les réponses de la première question de la section EN TRANSIT, et recommencez l'exercice. Comparez les résultats de vos estimations avec ceux de votre premier essai.

UN PAS DE PLUS

Il arrive fréquemment que la forme d'une figure donne des indices sur la grandeur de l'angle. Par exemple, un angle droit mesure 90°. Donc, la somme de deux angles formant un angle droit doit être 90°. Il est bon de se rappeler que: un angle plat mesure 180°, un cercle complet mesure 360° et la somme des angles intérieurs d'un triangle est égale à 180°.

Estimez les angles et vérifiez vos résultats avec un rapporteur.

a) ∠TSR = _____

    ∠QSR = _____

    ∠QST = _____

b) ∠DEF = _____

c) ∠QCR = _____

    ∠CRQ + ∠CQR =

    _____

    Quelle est la somme des angles d'un pentagone?

    _____

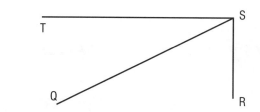

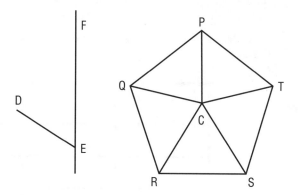

3.2 LES POLYGONES

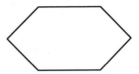

Ce polygone a six arêtes et six sommets.

On classifie les polygones **par le nombre de côtés qu'ils ont.**

Triangle	Quadrilatère	Pentagone	Hexagone	Heptagone	Octogone
3 côtés	4 côtés	5 côtés	6 côtés	7 côtés	8 côtés

EXEMPLE:

a) **Combien de diagonales y a-t-il dans un hexagone régulier?** _____

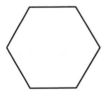

b) **Un pentagone régulier?** _____

Certains polygones ont un *axe de symétrie*, c'est-à-dire, qu'ils peuvent être divisés en deux parties égales ou plus. Certaines figures ne possèderont pas de lignes de symétrie, alors que d'autres en auront plus d'une.

EXEMPLE:

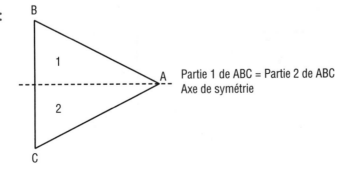

Partie 1 de ABC = Partie 2 de ABC
Axe de symétrie

EXEMPLE:

AB n'est pas une ligne de symétrie

LES TRIANGLES ●

Un triangle a trois côtés et trois angles. Le point de rencontre de deux côtés se nomme le sommet. Le symbole Δ remplace le mot *triangle* lorsqu'on nomme la figure. **Il y a trois sortes de triangles, classifiés par la longueur de leurs côtés:**

Triangle scalène	Triangle isocèle	Triangle rectangle
Δ dont les trois côtés sont de longueurs différentes	Δ dont au moins deux des côtés sont congrus	Δ dont les trois côtés sont congrus

LES QUADRILATÈRES ●

Les *quadrilatères* sont des figures fermées à deux dimensions ayant quatre côtés qui sont des segments de droite.

EXEMPLE:

Quadrilatères   *Ne sont pas des quadrilatères*

Nom	Description	Exemple
Trapèze	Quadrilatère qui possède au moins une paire de côtés parallèles	
Parallélogramme	Quadrilatère ayant les côtés opposés de même longueur et parallèles	
Rectangle	Parallélogramme ayant 4 angles droits	
Losange	Parallélogramme dont les 4 côtés sont congrus	
Carré	Losange avec 4 angles droits; un rectangle spécial	

Les quadrilatères font tous partie de la même famille. Quelques membres de la famille peuvent être classifiés de plus d'une façon; par exemple, ton cousin est le fils de ta tante.

Plusieurs quadrilatères peuvent être décrits par plus d'un nom. Ce diagramme de Venn démontre la relation entre les différents quadrilatères.

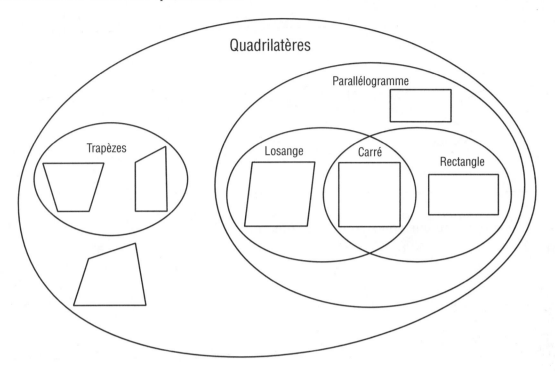

Un losange pourrait être un carré, mais il ne pourrait jamais être un trapèze.

 EN TRANSIT

1. Classifiez les polygones suivants:

a)

_____

b)
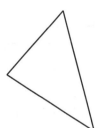
_____

c)
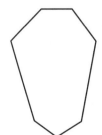
_____

2. Classifiez chaque quadrilatère.

a)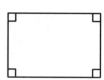

b)

c)

_____

d)

e)

f)

_____

3. Quel triangle n'a qu'une seule ligne de symétrie?

a)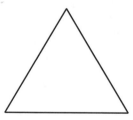

b)

c)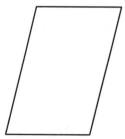

d)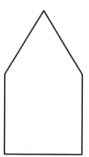

_____

4. Encerclez la bonne réponse. Un polygone qui a quatre côtés dont une paire de côtés égaux, mais qui n'a pas de paire de côtés parallèles se nomme:

a) un parallélogramme

b) un quadrilatère

c) un losange

d) un trapèze

5. Quelles figures sont des polygones réguliers?

a)

b)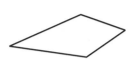

c)

d)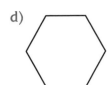

e)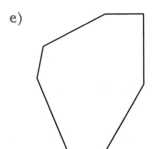

f)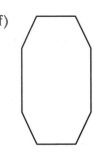

 ## CORRESPONDANCE

1. Si un quadrilatère peut être plié en deux parties congruentes, la ligne de pliure est la ligne de symétrie.

a) Dessinez un carré, un rectangle, un parallélogramme, un trapèze et un losange.

b) Découpez chaque quadrilatère.

c) En utilisant le pliage ou un mira, déterminez combien de lignes de symétrie chaque quadrilatère possède.

_____

_____

_____

_____

_____

2. En utilisant un géoplan, construisez les polygones suivants:

    triangle isocèle
    triangle équilatéral
    triangle scalène
    pentagone
    ennéagone
    octogone
    parallélogramme

 ## RÉVISION

1. Comment trouve-t-on l'axe de symétrie d'une figure plane quelconque?

2. Dans votre journal de mathématiques, illustrez par quelques exemples votre réponse à la question numéro 1 ci-dessus.

UN PAS DE PLUS

1. a) Dessinez un triangle scalène, un triangle isocèle et un triangle équilatéral.

b) Découpez chaque triangle.

c) Utilisez le pliage ou un mira pour déterminer combien d'axes de symétrie contient chaque triangle.

_____

2. Un flocon de neige est un exemple de symétrie que l'on retrouve dans la nature. Trouvez des exemples de formes de flocons de neige. Pouvez-vous nommer trois autres exemples de symétrie présents dans la nature?

3.2.1 LES TRIANGLES

LES SORTES DE TRIANGLES ●

Les *triangles* peuvent aussi être classifiés par rapport à la mesure de leurs angles.

Triangle acutangle	Triangle rectangle	Triangle obtusangle
Δ qui a trois angles aigus	Δ qui a un angle droit	Δ qui a un angle obtus

ACTIVITÉ

1. Dessinez un triangle acutangle sur une feuille de papier et découpez-le.

2. Colorez chaque angle d'une différente couleur.

3. Déchirez les angles et remettez-les ensemble de telle façon que les trois sommets sont superposés et que les angles aient un côté en commun entre eux.

Répondez aux questions suivantes:

a) Quelle sorte d'angle est formée par les trois angles? _____

b) Quelle est la mesure de ce type d'angle? _____

4. Répétez l'activité pour un triangle obtusangle. _____

5. Répétez l'activité pour un triangle acutangle. _____

6. Écrivez un énoncé concernant la somme des angles intérieurs d'un triangle.

_____

 EN TRANSIT

1. Classifiez chaque triangle. Donnez plus qu'une classification lorsque cela est possible.

a) 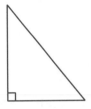 b) 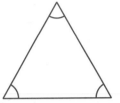 c) 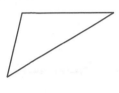 d)

e)  f)

2. Trouvez la mesure manquante.

a) 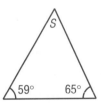 b)   c)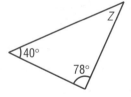

_____ _____ _____

3. Trouvez la mesure de chacun des angles extérieurs indiqués.

a) 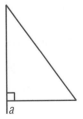 b)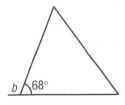

_____ _____

c)

d)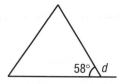

_____   _____

4. Trouvez la mesure de chaque angle inconnu.

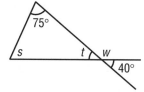

_____

_____

_____

  CORRESPONDANCE

1. Un triangle a un périmètre de 12 cm. La longueur de chaque côté représente un nombre entier de cm:

a) Combien de triangles différents peut-on construire?_____

b) Utilisez les longueurs des côtés pour classifier chacun des triangles. _____

_____

2. Classifiez ces triangles de deux façons. Expliquez comment vous avez utilisé vos connaissances sur les triangles pour les classer.

a)

b)

_____   _____

_____   _____

  RÉVISION

1. Expliquez pourquoi, dans votre journal de mathématiques, les angles d'un triangle quelconque sont toujours égaux à 180°.

2. Faites une recherche pour découvrir la fonction des triangles lors de la construction des ponts.

UN PAS DE PLUS

Utilisez le logiciel _Math Trek_ et explorez le tutorat interactif sur les triangles. Servez-vous des activités du module de Géométrie, pour pratiquer vos connaissances en jouant à _Recherche de triangles_.

3.3 FIGURES CONGRUES

Des **figures congrues** ont la même taille et la même forme.

- Les deux figures ci-contre sont des pentagones.
- La grandeur et la forme de ces deux figures sont identiques.
- Ces deux figures sont congrues.
- Dans des figures congrues, les côtés et les angles correspondants sont congrus et ils sont situés au même endroit.
- Dans ces figures, les côtés AB et SR, et ∠ABC et ∠SRQ sont respectivement des côtés et des angles correspondants.
- Notez que même si ∠ABC est congru à ∠QPT, ce ne sont pas des angles correspondants, car ils ne sont pas situés au même endroit dans les figures congrues.

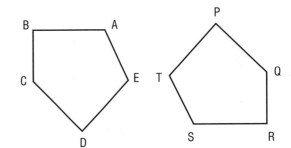

1. Répondez aux questions suivantes concernant les pentagones ABCDE et PQRST.

    a) Mesurez, en degrés, les angles du pentagone ABCDE.

        ∠ABC = _____   ∠BCD = _____   ∠CDE = _____

        ∠DEA = _____   ∠EAB = _____

    b) Mesurez, en degrés, les angles du pentagone PQRST.

        ∠PQR = _____   ∠QRS = _____   ∠RST = _____

        ∠STP = _____   ∠TPQ = _____

    c) Mesurez, en mm, la longueur des côtés du pentagone ABCDE.

        AB = _____   BC = _____   CD = _____

        DE = _____   EA = _____

    d) Mesurez, en mm, la longueur des côtés du pentagone PQRST.

        PQ = _____   QR = _____   RS = _____

        ST = _____   TP = _____

    e) Quels angles du pentagone PQRST correspondent aux angles du pentagone ABCDE ci-dessous?

        ∠ABC et _____   ∠BCD et _____   ∠CDE et _____

        ∠DEA et _____   ∠EAB et _____

f) Quels côtés du pentagone PQRST correspondent aux côtés du pentagone ABCDE?

AB et _____   BC et _____   CD et _____

DE et _____   EA et _____

g) Les pentagones sont-ils différents, semblables ou congrus? Pourquoi?

_____

2. Pour cet exercice, il vous faut un ensemble d'outils à dessin, un crayon, une règle, un rapporteur d'angles et un compas.

a) Dessinez un quadrilatère concave à l'aide d'un crayon et d'une règle.

b) N'utilisez qu'un crayon, un compas et une règle pour dessiner un quadrilatère congru. Ne mesurez pas les longueurs avec votre règle. Quand vous aurez terminé, vérifiez la précision avec la règle et le rapporteur d'angles.

> Un *dallage* est un procédé qui permet de recouvrir un plan à l'aide de polygones sans laisser d'espace et sans chevauchement.

> Un *dallage régulier* est un dallage construit à l'aide de polygones réguliers congruents.

NOTE: Seuls le triangle équilatéral, le carré et l'hexagone régulier parmi les polygones réguliers permettront d'obtenir des dallages réguliers (car les angles de ces polygones réguliers sont des facteurs de 360° soit 60°, 90° et 120° respectivement).

EXEMPLE:

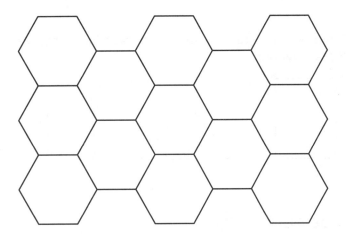

Un *dallage semi-régulier* est un dallage construit avec au moins deux types de polygones réguliers.

NOTE: Il n'y a que huit possibilités de dallages semi-réguliers.

EXEMPLE:

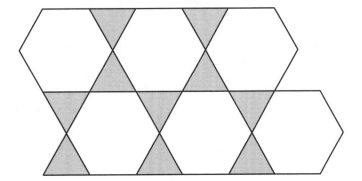

EN TRANSIT

1. Dessinez chaque forme sur du papier isométrique pour créer un dallage.

a)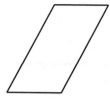

b)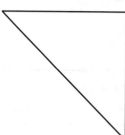

c)

d)

2. Créez des dallages semi-réguliers sur du papier isométrique en choisissant parmi les polygones réguliers suivants:

 UN PAS DE PLUS

1. Utilisez le logiciel *Cybergéomètre* disponible dans toutes les écoles de l'Ontario pour produire un dallage régulier et un dallage semi-régulier. Expliquez à un autre élève votre procédure.

2. Utilisez des pentaminos pour créer des dallages. Parmi les cinq formes des tétraminos, lesquelles peuvent créer un dallage? Utilisez du papier quadrillé pour les dessiner.

CHAPITRE **4**
MODÉLISATION ET ALGÈBRE

4.1 ANALYSE ET REPRÉSENTATION

Attentes

- créer ou prolonger une suite définie à partir de deux opérations ou plus.
- faire des prédictions à partir de l'observation de régularités dans des données.

Contenus d'apprentissage

Régularités

- déterminer et expliquer la règle à deux opérations ou plus dans une suite, et la prolonger.
- créer une suite numérique basée sur une règle à deux opérations ou plus.
- identifier des régularités dans des tableaux de données secondaires et faire des prédictions.
- identifier la règle reliant un terme au suivant à partir d'un tableau de valeurs entières positives.
- poser et résoudre des problèmes complexes en utilisant des stratégies fondées sur des régularités.

Les régularités sont récurrentes. Une régularité dans un tissu signifie un design spécifique qui se répète. On peut observer les régularités dans les saisons de l'année. Les quatre saisons sont récurrentes. Le printemps sera toujours suivi de l'été, de l'automne et finalement de l'hiver.

Les *régularités numériques* sont des ensembles de nombres qui se répètent dans un sens spécifique selon une règle établie. Certaines régularités sont évidentes. Dans le cas de 2, 4, 6, 8, 10..., la régularité consiste à augmenter de 2 à chaque fois. Ou alors, dans 100, 90, 80, 70..., la régularité consiste à diminuer de 10 à chaque fois.

Certaines régularités ne sont pas aussi évidentes. Dans 2, 5, 11, 23..., on doit doubler le nombre précédent et ajouter un.

Décrivez la règle pour la régularité 2, 4, 12, 24, 72...

Règle: _Une fois on double, et une fois on triple._____ .

Quand on reconnaît une régularité, on essaie de trouver sa règle. Quand on connaît la règle, il est facile de prédire quels seront les nombres qui vont suivre. La règle nous aide à faire des prédictions.

En vous basant sur les régularités précédentes, trouvez les trois prochains nombres.

RÉGULARITÉS

2, 4, 6, 8, _10_ , _12_ , _14_ .   100, 90, 80, 70, _60_ , _50_ , _40_ .

2, 5, 11, 23, _47_ , _95_ , _191_ .   2, 4, 12, 24, 72, _144_ , _432_ , _864_ .

Cherchez le mot «régularité» dans le dictionnaire et copiez sa définition.

_____

_____

 EN TRANSIT

1. Continuez ces régularités en écrivant les trois termes qui suivent. Expliquez la règle.

RÈGLE

a) 2, 6, 12, 12, 36, _____ , _____ , _____ .   _____

_____

b) 3, 5, 9, 17, 19, 23, 31, _____ , _____ , _____ .   _____

_____

c) 1, 4, 12, 15, _____ , _____ , _____ , _____ .   _____

_____

d) 15, 45, 75, _____ , _____ , _____ , _____ .   _____

e) 2, 10, 50, 58, 98, _____ , _____ , _____ .   _____

_____

f) 2, 9, 30, 93, 282, _____ , _____ , _____ .   _____

_____

_____

_____

g) 20, 22, 21, 23, 22, _____ , _____ , _____ .   _____

_____

2. Continuez la régularité en suivant la règle donnée.

RÉGULARITÉ   RÈGLE

a) 2, _____ , _____ , _____ , _____ , _____ .   Multiplier par 2, ensuite par 3.

Répéter.

b) 150, _____ , _____ , _____ , _____ .   Soustraire 50, ensuite 10.

Répéter.

c) 3, _____ , _____ , _____ .   Multiplier par 3 et ajouter 1.

Répéter.

© Guérin, éditeur ltée

d) 2, _____ , _____ , _____ .   Multiplier le nombre précédent par lui-même.

3. Essayez de créer vos propres régularités. Créez trois régularités numériques et demandez à un compagnon de classe de découvrir la règle. Écrivez la règle de chaque régularité sur une autre feuille.

    a) Première régularité _____

    b) Deuxième régularité _____

    c) Troisième régularité _____

4. Une *séquence arithmétique* est une régularité numérique obtenue par l'addition d'un même nombre. Vous reconnaîtrez les *séquences arithmétiques* des nombres pairs et impairs:

$$O = (1, 3, 5, 7, 9,...)$$
$$E = (2, 4, 6, 8, 10,...)$$

Il s'agit d'une même règle pour les deux séquences, quelle est-elle?

_____

Complétez les séquences arithmétiques suivantes.

    a) 23, 32, 41, _____ , _____ , _____ .   **b)** 15, _____ , 45, _____ , 75, _____ .

    c) 29, 32, _____ , _____ , 41, _____ , 47.   **d)** 8, 15, 22, _____ , _____ , _____ .

    e) _____ , 33, 51, _____ .   **f)** 2, 22, 42, _____ , _____ , _____ .

    g)

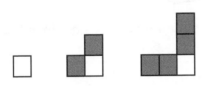

    h)

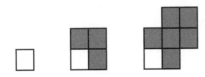

5. Créez une régularité basée sur une règle à deux opérations ou plus. Définissez les opérations de la règle.

Régularité:_____

Règle **1.** _____

        2. _____

CORRESPONDANCE

1. La surface totale d'un carré est de 8 cm². Construisez un tableau de valeurs qui indique l'aire totale lorsqu'on double la dimension des côtés. La première cellule a été complétée pour vous.

Côté	Aire
2^2	4
4^2	
8^2	
16^2	

Trouvez la règle de régularité qui est appliquée ici.

_____

_____

_____

_____

2. Regardez les diagrammes suivants et répondez aux questions qui s'y rapportent.

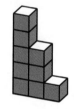

a) Faites un tableau de valeurs dans votre journal de mathématiques qui inclut le nombre de cubes des 4 premiers diagrammes.

_____

b) Combien de cubes seront dans le 8ᵉ diagramme? _____

c) Prédisez combien de cubes seront dans le 10ᵉ diagramme. _____

 RÉVISION

1. Dans votre journal de mathématiques, expliquez en vos propres mots ce que signifie «régularité».

2. Expliquez comment le fait de reconnaître une régularité peut vous aider à faire des prédictions?

3. Quelles régularités sont les plus faciles à reconnaître dans votre entourage? Lesquelles sont les plus difficiles? Expliquez.

POINTS DE DÉPART

Les régularités numériques peuvent être représentées graphiquement. Comptez les points et dessinez la prochaine figure. Quelle est la règle de cette régularité? Pouvez-vous prédire le nombre de points du 5e terme?

EXEMPLE:

Description de la régularité.

_____

5e terme: _____

EN TRANSIT

1. a)

Description de la régularité:

_____

5e terme:_____

b)

Description de la régularité:

_____

_____

5e terme:_____

c)

Description de la régularité:

_____

5e terme:_____

d)

Description de la régularité:

_____

5e terme (nombre de boîtes carrées): _____

5e terme (nombre de segments de ligne): _____

Nombres rectangulaires

On peut représenter les nombres et leurs facteurs de diverses façons. Pensez aux régularités faites par les points sur les dés, les numéros sur un appareil téléphonique à touches digitales, les touches sur une calculatrice. Par exemple, le nombre 6 peut être représenté comme suit:

| Un   6 | Deux   3 | Trois   2 | Six   1 |
| 1×6 | 2×3 | 3×2 | 6×1 |

2. Dessinez tous les rectangles de points possibles de la valeur spécifiée:

a) 18

b) 16

c) 12

d) 25

e) 9

Nombres carrés

Certaines régularités dessinées à la question numéro 2 étaient des carrés.
Par exemple, on peut représenter 16 comme suit:

· · · ·
· · · ·
· · · ·
· · · ·

Quatre ou $4 \times 4 = 16$

Cette régularité comporte un nombre identique de colonnes et de rangées. 16 est donc un nombre carré. Un *nombre carré* a deux facteurs équivalents, qui sont appelés des racines carrées.

3. Observez cette régularité de nombres carrés. Complétez ce qui manque.

a) $1^2 = 1 \times 1 = 1$

b) $2^2 = 2 \times 2 = 4$

c) $3^2 = 3 \times 3 = 9$

d) _____ = _____ × _____ = _____

e) _____ = _____ × _____ = _____

f) _____ = _____ × _____ = _____

4. Composez 6546 sur votre calculatrice. Divisez par 10, ensuite par 100 et finalement par 1000. Quelle régularité observez-vous?

_____

Qu'arriverait-il si vous multipliiez 6546 par 10, 100 et 1000?

_____

5. Complétez ces régularités décimales:

a) 0,53   5,3   53,0   _____ , _____ , _____ .

b) 3,35   6,7   13,4   _____ , _____ , _____ .

c) 45,6   22,8   11,4   _____ , _____ , _____ .

d) 0,05   0,1   0,15   _____ , _____ , _____ .

6. Complétez ces régularités fractionnaires:

a) $\frac{3}{3}, \frac{3}{3}, \frac{9}{9}, \frac{9}{9}, \frac{27}{27}, \frac{27}{27},$ ____ , ____ .

b) $\frac{1}{2}, \frac{2}{4}, \frac{3}{6},$ ____ , ____ , ____ .

c) $\frac{7}{4}, \frac{4}{7}, \frac{8}{5}, \frac{5}{8}, \frac{9}{6},$ ____ , ____ , ____ .

d) $\frac{3}{4}, \frac{6}{8}, \frac{9}{12},$ ____ , ____ , ____ .

7. Trouvez une régularité qui établit le lien entre le nombre de triangles et le nombre de cercles dans chacun des termes du diagramme suivant.

 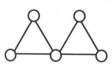 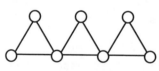

Complétez le tableau.

Nombre de triangles	Nombre de cercles

a) Quelle est la règle de cette régularité? _____

b) Combien y aura-t-il de triangles sur le 5ᵉ diagramme, le 10ᵉ, le 25ᵉ? _____

c) Combien y aura-t-il de cercles sur le 5ᵉ diagramme, le 10ᵉ, le 25ᵉ? _____

 CORRESPONDANCE

1. Solutionnez le problème suivant.

Les élèves de la classe de 6ᵉ année gèrent la consommation de lait à l'école. Ils ont observé la moyenne des ventes hebdomadaires de cartons de 250 ml de lait.

Jour de la semaine	Nombre de cartons
Lundi	140
Mardi	130
Mercredi	120
Jeudi	110
Vendredi	100

a) Décrivez la régularité apparaissant dans les ventes mentionnées ci-dessus.

_____

b) Quels sont les facteurs susceptibles de mener à de tels résultats?

_____

_____

c) La livraison du lait a lieu deux fois la semaine, soit le lundi et le mercredi, à 8 h. Combien de cartons devez-vous commander, en moyenne, le lundi? Combien de cartons devez-vous commander, en moyenne, le mercredi?

_____

2. Vous êtes l'entraîneur de l'Équipe féminine canadienne de basket-ball. Vous désirez améliorer le pointage de l'équipe en prévision des prochaines compétitions. Deux excellentes joueuses veulent faire partie de votre équipe. Vous ne pouvez en choisir qu'une. Voici un tableau indiquant leur âge et leur pointage saisonnier étalé sur une période de trois ans.

Joueuse 1
Âge: 19 ans

1999   900 points
1998   850 points
1997   800 points

Joueuse 2
Âge: 27 ans

1999   1000 points
1998   1050 points
1997   1100 points

Les prochaines compétitions auront lieu dans deux ans. En vous basant sur l'information donnée dans le tableau, quelle joueuse comptera, selon vous, le plus grand nombre de points pour votre équipe?

RÉVISION

Dans votre journal de mathématiques, expliquez comment et à quel moment les régularités peuvent vous aider à établir des prédictions. Il arrive parfois que certains facteurs, dont les régularités ne tiennent pas compte, soient impliqués. Expliquez.

UN PAS DE PLUS

1. Observez la régularité de ce triangle et complétez-le.

```
                3
            3       3
         3     9      3
      3    ____    27    3
   3   81    729   ____    3
3  ____  ____  ____  243  3
```

2. Quelle est la prochaine lettre dans cette régularité?

U   D   T   Q   C   S   S   ?

3. Créez un design pour une couverture de cartable.

Créez une couverture protectrice pour un de vos cartables ou cahiers de notes. Il vous faut utiliser l'ordinateur. Le design consiste en une régularité composée de lignes et de formes, qui se répètent en se liant d'une certaine façon.

Activité

Le logiciel *Math Trek®* 6 (Nectar Foundation) est disponible dans la plupart des écoles. Il contient l'activité «Trouve cette somme» dans la section Régularités et Algèbre. Explorez-la. Recherchez une gamme de régularités numériques horizontales, verticales ou diagonales dont le total est une somme donnée. Cette activité enregistre le nombre de régularités trouvées et celles qui restent à trouver. Chaque régularité vous donne des points et le pointage s'affiche aussitôt. Amusez-vous!

4. Découvrez le nombre de bouts de ficelle en vous basant sur le nombre de coupes dans la ficelle. Complétez le tableau ci-dessous et recherchez la régularité.

Nombre de coupes	Nombre de bouts de ficelle
0	
1	
2	
3	
4	
5	

Description de la régularité.

_____

_____

Qu'arrive-t-il quand vous pliez la ficelle? Pouvez-vous prédire le nombre de bouts de ficelle si vous connaissez le nombre de coupes dans la ficelle?

Prédiction de la régularité

_____

Prenez la ficelle pliée, coupez-la et complétez le tableau ci-dessous. Ne coupez pas à l'endroit où la ficelle est pliée.

Nombre de coupes	Nombre de bouts de ficelle
0	
1	
2	
3	
4	
5	

Description de la régularité.

_____

5. Divisez une pizza.

   a) En dessinant un diamètre ou plus, combien créez-vous de pointes de pizza?

  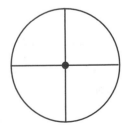 • • •

Nombre de diamètres	Nombre de pointes
1	
2	
3	
4	
5	

Description de la régularité.

_____

b) En dessinant une corde ou plus, combien créez-vous de morceaux de pizza de même largeur? (Les cordes ne peuvent pas s'entrecroiser)

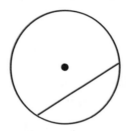

Nombre de cordes	Nombre de morceaux
1	
2	
3	
4	
5	

Description de la régularité.

_____

c) En coupant une pizza rectangulaire en une division ou plus, combien créez-vous de morceaux carrés?

  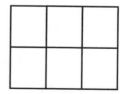

Nombre de divisions	Nombre de morceaux carrés
1	
2	
3	

Description de la régularité.

_____

_____

CHAPITRE 5
TRAITEMENT DES DONNÉES ET PROBABILITÉS

5.1 TABLEAUX D'EFFECTIFS

Attentes

- démontrer une compréhension des concepts de population, d'échantillon et de biais dans un sondage.
- présenter des données à l'aide de diagrammes à lignes brisées.
- faire des inférences à partir de données.

Contenus d'apprentissage

Traitement de données

- déterminer la différence entre la population et l'échantillon d'un sondage.
- démontrer comment la grandeur de l'échantillon et le biais peuvent influencer la nature des résultats d'une enquête.
- prédire, à partir de ses connaissances générales ou de diverses sources d'information, les résultats possibles d'un sondage avant de recueillir les données.
- concevoir et effectuer un sondage, recueillir les données et les enregistrer selon les catégories et les intervalles de son choix.
- construire, à la main ou à l'ordinateur, divers types de diagrammes, notamment le diagramme à ligne brisée, et inscrire les légendes appropriées.
- comparer et choisir, à l'aide d'un logiciel de graphiques, le genre de diagramme qui représente le mieux un ensemble de données.
- démontrer que différents genres de diagrammes peuvent présenter les mêmes données différemment.
- formuler, oralement ou par écrit, des inférences ou des arguments basés sur les données présentées dans un tableau ou dans un diagramme.

On peut recueillir les données de diverses façons: par l'observation ou suite à des sondages ou des expériences. Les données recueillies doivent être présentées dans des tableaux d'effectifs.

Dana a mené un sondage auprès de ses collègues afin de connaître leur animal de compagnie préféré. Elle a disposé ses données dans ce tableau:

Animal préféré		
Animal	Pointage	Effectifs
Chien	⫽⫽⫽ ////	9
Chat	⫽⫽⫽ ⫽⫽⫽	10
Poisson	⫽⫽⫽ //	7
Oiseau	⫽⫽⫽ ⫽⫽⫽ /	11

a) Quel est l'animal le plus populaire?

_____

b) Quel est l'animal le moins populaire?

_____

c) Combien d'élèves ont participé au sondage?

_____

 EN TRANSIT

1. Complétez le tableau et répondez aux questions.
Steve a mené un sondage auprès des élèves de sa classe afin de connaître le genre de petit déjeuner que chacun avait pris ce matin-là. Il a disposé ses données dans ce tableau. Trouvez les données manquantes.

Petit déjeuner		
Genre	Pointage	Effectifs
Céréale chaude	⫽⫽⫽	
Céréale froide	⫽⫽⫽ ⫽⫽⫽ ⫽⫽⫽ //	17
Rôties	⫽⫽⫽ ⫽⫽⫽ ///	
Bagels	⫽⫽⫽ ⫽⫽⫽	10
Crêpes ou gaufres	////	4

a) Combien d'élèves ont participé au sondage?

_____

b) Quel petit déjeuner est le plus populaire?

_____

c) Quel pourcentage d'élèves a mangé des rôties?

_____

d) Imaginez qu'il y ait 300 élèves à l'école. En vous basant sur les données recueillies par Steve, prédire le nombre d'élèves qui prendraient des céréales froides pour le petit déjeuner.

_____

2. Comptez le nombre de voyelles contenues dans cette phrase, et notez-les dans le tableau ci-dessous.

Nombre de voyelles		
Voyelle	Pointage	Effectifs
a		
e		
i		
o		
u		
y		

a) Combien y a-t-il de voyelles dans cette phrase? _____

b) Quelle voyelle apparaît le plus souvent? _____

Est-ce ainsi pour la plupart des phrases? _____

c) Quelles voyelles apparaissent le moins souvent? _____

Est-ce ainsi pour la plupart des phrases? _____

d) Si vous participiez à «La roue de fortune» et qu'il vous fallait choisir une voyelle autre que «e», laquelle choisiriez-vous?

_____

CORRESPONDANCE

a) Effectuez un sondage qui vous indiquerait la couleur préférée des élèves de la classe. Notez vos résultats dans le tableau ci-dessous.

Couleur préférée		
Couleur	Pointage	Effectifs
Rouge		
Bleu		
Vert		
Jaune		

b) Écrivez quelques questions qui vous permettraient d'obtenir les informations désirées.

_____

_____

_____

_____

_____

_____

_____

_____

_____

2. Menez un sondage afin d'obtenir l'information concernant l'un de ces sujets:

- La chanson préférée du Top 10.
- Le sport préféré pratiqué par les élèves de 6e année.
- Le nombre d'heures consacrées aux devoirs quotidiens par un élève de 6e année.

a) Formulez la question qui vous permettra d'obtenir ces informations.

b) Notez vos résultats dans le tableau ci-dessous. Assurez-vous d'y inscrire le titre.

Item	Pointage	Effectifs

c) Êtes-vous surpris du résultat obtenu? Pourquoi?

_____

d) Quelle question aurait permis des résultats plus justes?

_____

3. Il est possible d'interroger un petit groupe de personnes afin de trouver ce qu'une plus grande partie de la population pense à propos de certains sujets.
Qui interrogeriez-vous pour trouver les informations suivantes?

a) Combien de personnes sont propriétaires de leur maison?

_____

b) Quel genre de voiture est le plus populaire?

_____

c) Comment les élèves se rendent-ils de l'école à la maison?

_____

d) Le montant de votre allocation hebdomadaire?

_____

4. Formulez une question qui vous permettrait de trouver de l'information concernant les façons d'améliorer la qualité de vie de votre ville.

_____

Qui interrogeriez-vous pour trouver cette information?

_____

CORRESPONDANCE

La grandeur de l'échantillon et le biais peuvent influencer la nature des résultats d'une enquête. Il faut choisir un échantillon d'une taille appropriée pour que les résultats soient représentatifs de la population.

1. Pour chacune des situations suivantes, expliquez le biais de l'échantillon.

   a) Quel est votre animal préféré?

   • Les propriétaires de chiens

   • Les élèves de ta classe

   _____

   _____

   b) Devrait-on construire des terrains de soccer dans la ville?

   • Les membres de l'équipe de soccer de l'école

   • Les garçons de ta classe

   _____

   _____

2. Monsieur Laderoute voudrait savoir quelles seront ses chances d'être élu maire de la ville. Il siège déjà au conseil municipal et il est très populaire auprès des personnes âgées de sa communauté, car il a apporté plusieurs améliorations à sa ville pour celles-ci. Il fait un sondage auprès des membres du conseil et des personnes âgées de sa communauté.

   a) Quel est l'échantillon du sondage de M. Laderoute?

   _____

   b) Quelle est la population?

   _____

   c) L'échantillon est-il assez grand? Est-il biaisé? Expliquez.

   _____

   _____

UN PAS DE PLUS

Menez un sondage auprès des élèves de votre classe afin de connaître l'émission de télévision la plus populaire. Choisissez d'abord les cinq émissions que vous désirez inclure dans le sondage. Complétez le tableau. Voyez si vous préférez inclure dans votre sondage tous les types d'émissions ou seulement les comédies, les dramatiques, les films ou les émissions sportives.

Émission préférée		
Émission	Pointage	Effectifs

1. Êtes-vous surpris du résultat obtenu? Pourquoi?

2. Auriez-vous obtenu des résultats différents si vous aviez interrogé des personnes différentes?

3. Les sondages sur les préférences à la télévision sont importants pour les réseaux. Comment croyez-vous qu'ils mènent leurs sondages?

4. Trouvez une adresse Internet qui permet de connaître la popularité des émissions que vous avez choisies dans votre sondage.

Vos résultats sont-ils pareils aux leurs? Diffèrent-ils?

Pourquoi?

On peut disposer les données sur une feuille de tableur.

Une *feuille de tableur* est un agencement informatique de données disposées en colonnes et en rangées.

Ouvrez une feuille de tableur dans le logiciel Quattro Pro et insérez les données suivantes.

Animal préféré		
Animal	Pointage	Effectifs
Chien	### ////	9
Chat	### ###	10
Poisson	### //	7
Oiseau	### ### /	11

Votre feuille devrait ressembler à celle-ci.

	A	B	C
1	Animal	Effectifs	
2	Préféré		
3	Chiens	9	
4	Chats	10	
5	Poisson	7	
6	Oiseaux	11	

EN TRANSIT

1. Entrez les données de la page 76 (petit déjeuner) sur une feuille de tableur et représentez vos données dans un diagramme.

2. Quel genre de diagramme avez-vous dessiné? _____

3. Pourquoi avez-vous choisi ce genre de diagramme?

_____

 **UN PAS DE PLUS**

Internet constitue une bonne source d'information. Trouvez des informations sur Vancouver que vous aimeriez disposer en diagramme et faites-en un tableau. Créez d'abord un tableau des données avec la feuille de tableur et illustrez ensuite vos données dans un diagramme.

Quel type de diagramme avez-vous utilisé? _____

Pourquoi avoir choisi ce type de diagramme? _____

_____

Pouviez-vous présenter vos données dans un autre type de diagramme? _____

De quel type de diagramme s'agit-il? _____

_____

L'utilisation d'un diagramme permet de disposer des données. Il existe plusieurs types de diagrammes.

Nathan, Liane, Joey et Kinga sont membres d'une équipe de hockey. Suite à un tournoi, un élève de la classe a présenté leurs résultats dans un diagramme à bandes.

Pointage

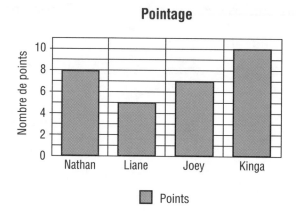

Points

a) Qui a compté le plus de points? _____

b) Combien de points au total ont été comptés par les quatre joueurs? _____

c) Combien de points Kinga a-t-il comptés de plus que Liane? _____

 EN TRANSIT

1. Ce diagramme à bandes indique quelle a été l'assistance aux six soirées de danse organisés par l'école au cours de l'année.

Assistance aux soirées de danse

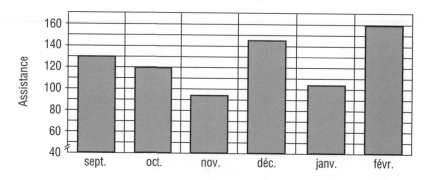

a) En quel mois a-t-on connu la plus grande assistance? _____

Combien y avait-il de personnes? _____

b) Enregistrez l'assistance dans ce tableau:

Mois	Assistance
septembre	
octobre	
novembre	
décembre	
janvier	
février	

c) Combien de personnes de plus ont assisté à la soirée de février comparativement à celle de novembre?

_____

2. Ce tableau indique le nombre de médaillés aux Olympiques d'hiver en 1998. Créez un diagramme à bandes qui illustre le nombre de médailles obtenues par chaque pays.

Pays	Or	Argent	Bronze	Total
Allemagne	12	9	8	29
Norvège	10	10	5	25
Russie	9	6	3	18
Autriche	3	5	9	17
Canada	6	5	4	15
États-Unis	6	3	4	13

 CORRESPONDANCE

Ce tableau indique le nombre d'inscriptions à l'école élémentaire Jeunesse du Nord entre 1994 et 1998.

Années	Inscriptions
1994	420
1995	450
1996	482
1997	516
1998	552
1999	?

a) Faites un diagramme à bandes qui démontre les inscriptions pour chaque année.

b) Utilisez votre diagramme pour prédire le nombre d'inscriptions pour l'année 1999.

RÉVISION

Dessinez un diagramme à bandes illustrant les résultats du sondage concernant les couleurs préférées des élèves de votre classe. Les données se trouvent dans la section CORRESPONDANCE, à la page 77.

UN PAS DE PLUS

Recherchez des exemples de diagramme à bandes dans les journaux et les revues. Formulez deux ou trois questions au sujet de vos diagrammes à bandes.

L'utilisation d'un diagramme permet de disposer des données. Il existe plusieurs types de diagrammes.

Ce diagramme indique le nombre approximatif de poissons dans le lac de l'Ouragan sur une période de six ans.

Nombre de poissons

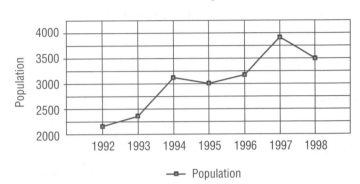

a) Quel était le nombre approximatif de poissons dans le lac de l'Ouragan en 1992?

_____

b) Quel était le nombre approximatif de poissons dans le lac de l'Ouragan en 1998?

_____

c) Quelle était l'augmentation entre 1992 et 1998?

_____

 EN TRANSIT

Olivia a reçu un chiot en cadeau l'année dernière. Elle a créé une table pour indiquer le poids mensuel de son chiot.

Poids du chiot	
Âge (en mois)	Poids (en kg)
1	0,8
2	1,4
3	1,8
4	2,3
5	2,7
6	3,4
7	3,9

a) Dessinez une ligne brisée pour illustrer le poids du chiot. (Dessinez le diagramme sur une autre feuille)

b) Pendant quel mois le chiot a-t-il grossi davantage?

_____

c) Selon vous, pourquoi a-t-il grossi davantage pendant ce mois?

_____

d) Pendant quel mois le chiot a-t-il le moins grossi?

_____

e) En vous basant sur votre diagramme, prédisez le poids du chiot à 12 mois.

_____

 CORRESPONDANCE

La distance requise par une voiture pour freiner sur un pavé sec ou mouillé dépend de la vitesse à laquelle roule cette voiture. Le tableau ci-dessous indique les distances de freinage pour les pavés secs et mouillés.

Distance de freinage (en mètres)		
Vitesse (km/h)	Pavé sec	Pavé mouillé
0	0	0
10	3	6
20	7	11
30	12	17
40	16	26
50	23	38
60	30	50
70	38	64
80	49	78
90	60	97
100	72	120

a) Disposez sur un même diagramme à lignes brisées les distances de freinage pour les pavés secs et mouillés.

b) Quelle est la distance de freinage à 80 km/h sur un pavé sec?

_____

c) Si la distance de freinage sur un pavé sec est de 38 m, à quelle vitesse roule la voiture?

_____

d) Si la voiture roule à 20 km/h, combien de mètres supplémentaires lui faudra-t-il pour freiner si elle se trouve sur un pavé mouillé plutôt que sur un pavé sec?

e) Vous roulez à 50 km/h, en pleine circulation, sur une rue mouillée. Pour votre sécurité, quelle distance devez-vous garder entre votre voiture et celle qui vous précède?

RÉVISION

Révisez votre travail sur les diagrammes à bandes.

1. Quel diagramme à bandes aurait pu être remplacé par un diagramme à lignes brisées?

2. Disposez ces données sur un diagramme à lignes brisées.

UN PAS DE PLUS

1. Trouvez des exemples de diagrammes à lignes brisées dans les journaux et les revues.

2. Selon vous, pour quelle raison les diagrammes à lignes brisées ont-ils été choisis?

3. Croyez-vous qu'un autre genre de diagramme aurait pu être utilisé?

4. Expliquez dans quelle circonstance il est préférable d'utiliser un diagramme à lignes brisées plutôt qu'un diagramme à bandes.

PARTIE 2

Somme de deux fractions, où 7 est le dénominateur commun.

CHAPITRE 6
NUMÉRATION ET SENS DU NOMBRE

Attentes

- démontrer une compréhension du concept de pourcentage.
- effectuer des opérations arithmétiques avec les nombres naturels et les nombres décimaux selon les limites prévues pour l'année d'étude.
- appliquer la priorité des opérations arithmétiques.
- additionner et soustraire des fractions ayant des dénominateurs communs.

Contenus d'apprentissage

Fractions

- additionner et soustraire des fractions ayant des dénominateurs communs à l'aide de matériel concret ou semi-concret et de symboles.
- ordonner sur une droite numérique des nombres fractionnaires, des fractions propres et des fractions impropres ayant un dénominateur commun.
- multiplier une fraction par un nombre naturel à l'aide de matériel concret et de symboles.
- convertir en pourcentage un nombre décimal et une fraction dont le dénominateur est 100, et vice versa.

Nombres décimaux

- lire et écrire des nombres décimaux jusqu'aux millièmes de façon symbolique.
- comparer et ordonner des nombres décimaux jusqu'aux millièmes.
- formuler et résoudre, avec ou sans calculatrice, des problèmes comprenant au moins deux opérations arithmétiques avec des nombres décimaux et utiliser diverses techniques pour vérifier la vraisemblance des résultats.
- arrondir des nombres décimaux au centième près.
- additionner et soustraire des nombres décimaux jusqu'aux millièmes à l'aide de matériel concret ou semi-concret et des symboles.
- ordonner sur une droite numérique des fractions dont le dénominateur est 10 ou 100 et des nombres décimaux.

6.1 LES FRACTIONS

Une *fraction* est un nombre représentant une partie de quelque chose. Le *dénominateur* indique le nombre de parts égales dans un entier. Le *numérateur* indique le nombre de parts auxquelles on fait référence.

EXEMPLE:

$\frac{2}{3}$ est une fraction qui représente les deux tiers de quelque chose.

Le nombre 2 est le **numérateur** et le nombre 3 est le **dénominateur**.

1. **a)** Inscrivez dans le tableau suivant toutes les fractions que vous pouvez imaginer dont la valeur est moindre que 1.

b) Saviez-vous que toutes ces fractions se trouvaient entre «0» et «1»?

c) Quelle fraction rencontrez-vous le plus souvent dans votre quotidien?

_____

d) Inscrivez sur cette droite numérique chacune des fractions mentionnées dans la réponse précédente.

0 ——————————————————— 1

2. **a)** Tracez une droite numérique sur votre feuille et inscrivez toutes les fractions comprises entre zéro et un qui ont les dénominateurs 2, 4, 8 et 16.

0 ——————————————————— 1

b) Ces fractions sont-elles les mêmes que vous avez identifiées à la question 1 c)?

_____

3. **a)** Quelle fraction est la plus grande, $\frac{2}{3}$ ou $\frac{3}{2}$?

b) Laquelle a les plus grandes parts?

Imaginons un segment de droite entre 0 et 1. Divisons-le en deux et en trois parties. La division en deux parties donne des parties plus grandes que celle en trois parties.

0 ------/------ 1

0 ----/----/----1

Donc, si nous prenons deux des $\frac{1}{3}$ parties (les plus petites) et trois des plus grandes, la fraction $\frac{3}{2}$ est plus grande que $\frac{2}{3}$.

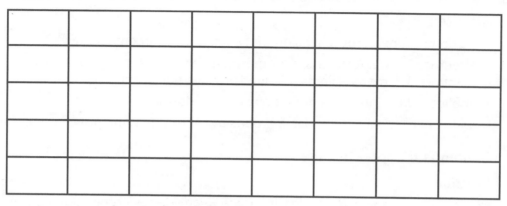

0 __$\frac{1}{2}$__/__$\frac{1}{2}$__ 1   0 __$\frac{1}{3}$_/_$\frac{1}{3}$_/_$\frac{1}{3}$_ 1

Il y a différentes sortes de fractions.

Une *fraction propre* est une fraction dont le numérateur est plus petit que le dénominateur (ex.: $\frac{1}{2}$).

Un *nombre fractionnaire* est un nombre rationnel composé d'un nombre entier et d'une fraction (ex.: $2\frac{1}{4}$).

Une *fraction impropre* est une fraction dont le numérateur est plus grand que le dénominateur (ex.: $\frac{5}{2}$).

Des *fractions équivalentes* sont des fractions qui représentent le même nombre (ex.: $\frac{1}{2}$ et $\frac{2}{4}$).

EXEMPLES:

1. Exprime les fractions suivantes en nombres fractionnaires:

$$\frac{27}{5}$$

SOLUTION:

On divise le numérateur par le dénominateur pour obtenir la réponse. On prend le reste et on le place sur le diviseur. On obtient donc un nombre fractionnaire. Ici: $5\frac{2}{5}$.

2. $\frac{15}{7}$

SOLUTION:

$2\frac{1}{7}$

On peut aussi ordonner des fractions sur une droite numérique afin de comparer leurs grandeurs relatives. Voici une droite numérique où sont indiquées des fractions équivalentes:

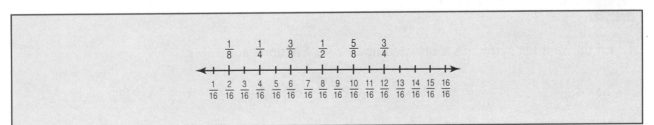

1. Trouvez les fractions équivalentes. Ensuite, sur la même droite numérique, indiquez les fractions et les fractions équivalentes de a), b), c):

   a) $\dfrac{2}{4} = \dfrac{}{8}$

   b) $\dfrac{1}{4} = \dfrac{}{8}$

   c) $\dfrac{3}{4} = \dfrac{}{8}$

   d) $\dfrac{1}{5} = \dfrac{}{10}$

   e) $\dfrac{2}{5} = \dfrac{}{15}$

   f) $\dfrac{3}{5} = \dfrac{}{15}$

2. Placez les fractions suivantes sur la droite numérique:

   a) $\dfrac{2}{3}$

   b) $\dfrac{3}{9}$

   c) $\dfrac{5}{3}$

3. Parmi les paires suivantes, lesquelles contiennent des fractions équivalentes?

   a) $\dfrac{5}{8}$ et $\dfrac{10}{16}$

   b) $\dfrac{3}{4}$ et $\dfrac{9}{15}$

   c) $\dfrac{7}{5}$ et $\dfrac{21}{15}$

   d) $\dfrac{4}{9}$ et $\dfrac{18}{22}$

4. Inscrivez les nombres fractionnaires correspondant à chacune des fractions impropres suivantes:

   a) $\dfrac{17}{5}$

   b) $\dfrac{12}{7}$

   c) $\dfrac{13}{8}$

   d) $\dfrac{53}{12}$

CORRESPONDANCE

1. En utilisant les symboles < ou >, comparez les fractions suivantes:

   a) $4\dfrac{1}{2}$ _____ $4\dfrac{3}{8}$ b) $2\dfrac{1}{5}$ _____ $2\dfrac{2}{7}$ c) $10\dfrac{3}{4}$ _____ $10\dfrac{2}{3}$ d) $8\dfrac{2}{5}$ _____ $8\dfrac{3}{4}$

2. Madame Trudel a conduit pendant 175 minutes pour se rendre à son chalet. Exprimez le nombre de minutes en nombre fractionnaire.

3. Avant de livrer ses revues aux clients, Robert doit les emballer: chaque sac doit contenir trois revues. La semaine dernière, il a emballé 454 revues. Combien de sacs a-t-il remplis? Exprimez votre réponse en nombre fractionnaire.

4. En utilisant des blocs géométriques, déterminez le nombre de triangles nécessaires pour construire $4\frac{2}{3}$ hexagones.

RÉVISION

Dans votre journal de mathématiques, décrivez pourquoi les nombres fractionnaires et les fractions impropres sont utiles dans la vie de tous les jours.

UN PAS DE PLUS

En utilisant le logiciel *Math Trek 4, 5, 6*, disponible dans les écoles et approuvé par le ministère de l'Éducation de l'Ontario, allez au module de *Numération et sens du nombre*. Ensuite, jouez le jeu «À la recherche des reptiles...». Ce jeu vous permettra d'augmenter votre habileté à comparer les fractions.

6.2.1 L'ADDITION ET LA SOUSTRACTION DE FRACTIONS

On peut additionner des fractions ayant des dénominateurs communs. Pour additionner des fractions, on garde le même dénominateur mais on additionne les numérateurs.

EXEMPLE 1:

On a deux pizzas différentes et Louise voudrait avoir deux morceaux d'une pizza, et un morceau de l'autre. Les pizzas sont coupées en cinquièmes.

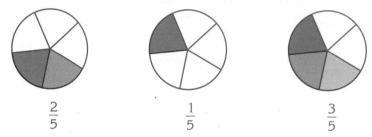

$$\frac{2}{5} \qquad \frac{1}{5} \qquad \frac{3}{5}$$

On peut aussi soustraire des fractions ayant des dénominateurs communs. Pour soustraire des fractions, on garde le même dénominateur, mais on soustrait les numérateurs.

EXEMPLE 2:

Jean-Louis coupe $\frac{1}{3}$ d'un morceau de bois de 1 mètre de long. Combien lui en reste-t-il?

1 mètre (ou $\frac{3}{3}$) est le montant de bois du début. Donc, $\frac{3}{3} - \frac{1}{3} = \frac{2}{3}$.

6.2.2 LA MULTIPLICATION D'UNE FRACTION PAR UN NOMBRE ENTIER

Lorsqu'on multiplie une fraction par un nombre entier, la procédure est la suivante:

$$\frac{3}{4} \times 6 = \frac{9}{2}$$

Pour démontrer ceci:

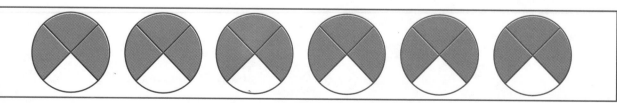

Comptez le nombre de quarts = 18

Donc, $\frac{18}{4} = \frac{9}{2}$

EN TRANSIT

1. Exécuter les opérations suivantes:

a) $\dfrac{2}{5} + \dfrac{4}{5} =$ _____

g) $\dfrac{5}{6} - \dfrac{2}{6} =$ _____

b) $\dfrac{5}{8} + \dfrac{2}{8} =$ _____

h) $\dfrac{8}{16} - \dfrac{5}{16} =$ _____

c) $2\dfrac{2}{3} + 3\dfrac{1}{3} =$ _____

i) $\dfrac{14}{30} - \dfrac{2}{30} =$ _____

d) $\dfrac{12}{25} - \dfrac{8}{25} =$ _____

j) $\dfrac{15}{20} - \dfrac{7}{20} =$ _____

e) $\dfrac{13}{10} - \dfrac{5}{10} =$ _____

k) $\dfrac{8}{9} + \dfrac{4}{9} =$ _____

f) $3\dfrac{6}{7} + 4\dfrac{2}{7} =$ _____

l) $\dfrac{4}{17} + \dfrac{8}{17} =$ _____

2. a) $3 \times \dfrac{1}{5} =$ _____

c) $4 \times \dfrac{2}{3} =$ _____

b) $3 \times 1\dfrac{3}{4} =$ _____

d) $3 \times 2\dfrac{1}{4} =$ _____

3. Démontrer avec du matériel concret ou des dessins les multiplications du numéro 2.

CORRESPONDANCE

1. Danielle vient de parcourir les $\dfrac{2}{3}$ de son trajet entre l'école et la maison. Elle demeure à 6 km de l'école. Combien lui reste-t-il à parcourir? Démontrez votre raisonnement.

_____

2. Louis a payé 25 $ pour une chemise qui était réduite à $\dfrac{1}{3}$ du prix original. Quel était le prix original de la chemise?

_____

_____

_____

3. Juan a solutionné 25 problèmes et il en a échoué $\dfrac{1}{5}$. Roger en a solutionné 48 et il en a échoué $\dfrac{3}{8}$. Lequel des deux a le mieux réussi ses exercices?

_____

_____

4. Une balle rebondit. En rebondissant, une balle franchit le $\frac{2}{3}$ de la distance de son premier bond. Si le 2e rebondissement est de 84 cm, quelle distance avait franchie son premier bond?

_____

5. Durant l'été, 1500 adultes et 750 enfants ont visité le centre scientifique. Si $\frac{3}{5}$ des enfants sont des filles et $\frac{2}{3}$ des adultes sont des femmes, combien d'hommes et de garçons ont visité le centre?

_____

_____

 RÉVISION

Dans votre journal de mathématiques, expliquez comment on additionne ou on soustrait deux fractions avec le même dénominateur. Donnez un exemple.

 UN PAS DE PLUS

Si $\frac{5}{6}$ d'un nombre est 60, trouvez la valeur de $\frac{3}{4}$ du même nombre.

_____

_____

_____

6.3 CONVERTIR LES FRACTIONS EN NOMBRES DÉCIMAUX

Les fractions peuvent être exprimées en nombres décimaux. On obtient les nombres décimaux en divisant le numérateur de la fraction par le dénominateur.

Par exemple:

$\frac{9}{10}$ est la même chose que $9 \div 10$ ou 0,9.

$$10\,\overline{\smash{\big)}\,9}$$

après le zéro dans la ligne du quotient.

$$0,$$

Ligne du quotient.

$$10\,\overline{\smash{\big)}\,9{,}0} \leftarrow$$

Cette marque est appelée la *virgule*. Maintenant, nous considérons 9,0 comme 90 et savons qu'il existe 9 → dizaines dans 90. Le neuf est placé sur la ligne du quotient et on continue la division de la manière habituelle.

$$\begin{array}{r} 0{,}9 \\ 10\,\overline{\smash{\big)}\,9{,}0} \\ 10 \times 9 \to \underline{9{,}0} \\ \text{Soustraire} \quad 0 \end{array}$$

C'est la même chose pour la fraction $\frac{64}{100}$. En divisant 64 par 100, on obtient 0,64, qui est un nombre décimal.

EXEMPLES:

1. Écrivez $\frac{3}{4}$ en nombre décimal.

SOLUTION

3 étant plus petit que 4, il faut placer la virgule décimale après le trois et un zéro derrière pour obtenir 3,0.

$$4\,\overline{\smash{\big)}\,3}^{\,0} \qquad \to \qquad 4\,\overline{\smash{\big)}\,3{,}0}^{\,0{,}} \qquad \to \qquad \begin{array}{r} 0{,}7 \\ 4\,\overline{\smash{\big)}\,3{,}0} \\ 7 \times 4 \to \underline{2\,8} \\ 2 \end{array}$$

On ajoute un autre zéro derrière le 3,0 → 3,00

$$\begin{array}{r} 0{,}75 \\ 4\,\overline{\smash{\big)}\,3{,}00} \\ \underline{2{,}8}\downarrow \\ 20 \\ 5 \times 4 \to \underline{20} \\ 0 \end{array} \qquad \therefore \frac{3}{4} = 0{,}75$$

2. Écrivez les fractions suivantes sous forme de nombres décimaux.

$$\frac{1}{4} = \underline{\hspace{1cm}} \qquad \frac{3}{8} = \underline{\hspace{1cm}} \qquad \frac{1}{3} = \underline{\hspace{1cm}} \qquad \frac{2}{3} = \underline{\hspace{1cm}} \qquad \frac{5}{8} = \underline{\hspace{1cm}} \qquad \frac{5}{16} = \underline{\hspace{1cm}}$$

LES DROITES NUMÉRIQUES ●●●●●●●●●●●●●●●●●●●●●●●●●●●●

Si on indique les nombres décimaux sur une droite numérique on pourra comparer leurs grandeurs relatives plus facilement.

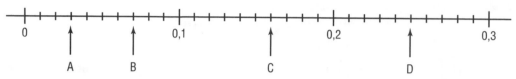

EXEMPLE

a) Quel nombre chacune des lettres indique-t-elle?

_____

_____

b) Quelle est la fraction correspondante de ces décimaux?

_____

_____

 EN TRANSIT

Dessinez la droite numérique suivante:

Une droite de 10 cm de longueur.

Marquez-la à chaque centimètre, de 7,0, 7,1, ..., 8,0

Utilisez une règle pour découvrir le point milieu entre 7,4 et 7,5. Quel est ce point?

_____

3. Convertissez chaque fraction de ce tableau en pourcentage.

fraction	%	fraction	%	fraction	%	fraction	%	fraction	%	fraction	%
$\frac{1}{16}$		$\frac{1}{4}$		$\frac{7}{16}$		$\frac{5}{8}$		$\frac{13}{16}$		$\frac{16}{16}$	
$\frac{1}{8}$		$\frac{5}{16}$		$\frac{1}{2}$		$\frac{11}{16}$		$\frac{7}{8}$		$\frac{17}{16}$	
$\frac{3}{16}$		$\frac{3}{8}$		$\frac{9}{16}$		$\frac{3}{4}$		$\frac{15}{16}$			

4. Convertissez les fractions suivantes en nombres décimaux et ensuite en pourcentages.

	Fraction	Nombre décimal	Pourcentage
a)	$\frac{3}{5}$		
b)	$\frac{7}{8}$		
c)	$\frac{13}{12}$		
d)	$\frac{5}{4}$		
e)	$\frac{2}{3}$		
f)	$7\frac{1}{2}$		
g)	$\frac{9}{4}$		
h)	$\frac{1}{4}$		
i)	$\frac{5}{8}$		
j)	$\frac{4}{10}$		
k)	$17\frac{3}{8}$		
l)	$5\frac{1}{4}$		
m)	$\frac{11}{16}$		
n)	$\frac{7}{16}$		
o)	$\frac{43}{100}$		

CORRESPONDANCE

On utilise les fractions en musique. Les musiciens les interprètent en jouant. Les notes sont divisées en fractions. Le crochet sur la queue d'une note indique la fraction du temps alloué pour jouer cette note. Cela signifie jouer rapidement ou lentement, jouer plusieurs notes ou une seule note tenue longtemps. Dans ce tableau, comparez le temps alloué et le nombre de notes jouées dans une mesure.

1. a) Complétez ce tableau pour un temps de $\frac{3}{4}$.

Note	Nombre de notes jouées dans une mesure	Temps tenu par la note	Pictogramme sur une feuille de musique
Ronde	trois	1 temps	𝅝
Blanche	jusqu'à 6	$\frac{1}{2}$ temps	𝅗𝅥
Noire	jusqu'à 12	$\frac{1}{4}$ temps	♩
Croche	jusqu'à 24	$\frac{1}{8}$ temps	♪
Double croche	jusqu'à 48	$\frac{1}{16}$ temps	𝅘𝅥𝅰
Triple croche	jusqu'à 96	$\frac{1}{32}$ (staccato)	𝅘𝅥𝅱

Une ronde équivaut à deux blanches, ou quatre noires, ou huit croches, ou seize doubles croches. (La première séquence a été complétée pour vous servir d'exemple.)

𝅝 = 𝅗𝅥 𝅗𝅥 = ♩ ♩ ♩ ♩ = ♪ ♪ ♪ ♪ ♪ ♪ ♪ ♪ = 𝅘𝅥𝅰 𝅘𝅥𝅰 𝅘𝅥𝅰 𝅘𝅥𝅰 𝅘𝅥𝅰 𝅘𝅥𝅰 𝅘𝅥𝅰 𝅘𝅥𝅰 𝅘𝅥𝅰 𝅘𝅥𝅰 𝅘𝅥𝅰 𝅘𝅥𝅰 𝅘𝅥𝅰 𝅘𝅥𝅰 𝅘𝅥𝅰 𝅘𝅥𝅰

𝅝 =

𝅝 =

𝅝 =

𝅝 =

b) Que signifie une note pointée?

_____

2. Le pourcentage est l'expression d'un nombre ayant un dénominateur de 100. 5 % signifie 5 parties de 100; on l'écrit aussi sous la forme d'une fraction: $\frac{5}{100}$. Il y a aussi un équivalent décimal, qui est 0,05.

Convertissez des pourcentages inscrits sur le tableau ci-dessous en fractions ayant un dénominateur de 100 et en nombres décimaux. Essayez de réduire la fraction à sa plus petite expression, par exemple:

$$5 \% = 0,05 = \frac{5}{100} = \frac{1}{20}$$

Pourcentage	Équivalent décimal	Fraction avec dénominateur de 100	Fraction réduite
10 %			
7 %			
0,03 %			
15 %			
50 %			
$66\frac{2}{3}$ %			
75 %			
87 %			
105 %			
120 %			

3. Calculez l'équivalent décimal et le pourcentage des données qui suivent.

Données	Fraction	Décimale	Pourcentage
a) 44 boisseaux de blé sur 75 boisseaux de blé	$\frac{44}{75}$		
b) 9 filles dans une classe de 35 élèves	$\frac{9}{35}$		
c) 3 voitures jaunes dans une file de 230 voitures	$\frac{3}{230}$		
d) 5 disques compacts dans une collection de 45 disques compacts	$\frac{5}{45}$		
e) 55 planchistes parmi les 96 personnes dans le monte-pente	$\frac{55}{95}$		

Données	Fraction	Décimale	Pourcentage
f) 5 fautes sur 35 mots	$\frac{5}{35}$		
g) 5 ml d'huile pour 70 ml d'essence	$\frac{5}{70}$		
h) 5 pages en couleurs sur un total de 75 pages	$\frac{5}{75}$		
i) 15 journées ensoleillées au mois de mars	$\frac{15}{31}$		
j) 3 minutes de pause commerciale dans une émission musicale de 9 minutes	$\frac{3}{9}$		
k) 3 chats roux parmi les 7 chats d'une portée	$\frac{3}{7}$		
l) 9 ml d'acétone dans 25 ml de produit nettoyant	$\frac{9}{25}$		
m) 56 bouleaux parmi 250 arbres	$\frac{56}{250}$		
n) 1 litre de sirop d'érable sur 40 litres de sève	$\frac{1}{40}$		
o) trois centres de cible atteints sur 12 essais lors d'une compétition de tir à l'arc	$\frac{3}{12}$		

4. a) Un vide se crée lorsque la pression d'un contenant est inférieure à la pression atmosphérique. La haute pression du jour est de 101,63 kilopascal. La pression à l'intérieur du réservoir est de 93,36 kilopascal. Exprimez le vide comme une pression négative.

_____

_____

b) L'indice régulier du Dow Jones est de 300. S'il est inférieur, il est négatif. S'il est supérieur, il est positif. Indiquez la différence lorsqu'il y a:

i) une chute de 30 points   *ii)* une chute de 15 points   *iii)* une perte de 12 % de l'indice

_____   _____   _____

_____

c) Il arrive que la température hivernale descende sous zéro.
Quand la température de Sugluk est à –12°, quelle est la température de:

i) Provangituk, s'il fait 9° de moins? _____

ii) Fort-George, s'il fait 3° de plus? _____

iii) Fort Chimo, s'il fait 9° de plus? _____

iv) Pangituk, s'il fait 12° de moins? _____

v) Maniec Asbestos Hill, s'il fait 5° de moins? _____

5. Placez les fractions de la question numéro 3 en ordre décroissant.

_____

6. Placez les fractions exprimées sous forme décimale du tableau de la question n° 3 de EN TRANSIT en ordre croissant.

_____

_____

_____

7. **a)** L'odomètre d'un camion indique 427 890 kilomètres. Sa vitesse moyenne est d'environ 75 km/h. Pendant combien d'heures le camionneur a-t-il roulé?
(Utilisez la formule: Temps = Distance ÷ vitesse)

_____

_____

_____

_____

b) Si le camion sert depuis dix ans, pendant combien d'heures a-t-il roulé (sur une base annuelle)?

_____

_____

c) La prime d'assurance s'élève à 2100 $ par année. À combien s'élève chaque minute assurée?

_____

_____

_____

_____

d) Un camion consomme 14 litres d'essence par 100 kilomètres. Combien de litres d'essence a-t-il consommés?

_____

_____

e) Si l'essence coûte 0,50 $ le litre, quel est le coût total de l'essence consommée par ce camion?

_____

8. **a)** Un fermier prépare des semis pour 15 hectares de luzerne. La préparation prend 45 heures. Le tracteur consomme trois litres d'essence par heure d'utilisation. Le diesel coûte 0,38 $ le litre. Combien dépense-t-il pour l'essence lors de la préparation des semis?

b) L'épandage du fertilisant 20-15-17 à 80 kg par hectare requiert 6 heures de plus. Le fertilisant coûte 285 $ la tonne. Quel est le coût de l'épandage en incluant le coût d'opération du tracteur?

c) L'ensemencement requiert 10 heures supplémentaires. Les graines coûtent 33 $ le kilogramme et il en faut 1,5 kilogramme par hectare. Quel est le coût de l'ensemencement en incluant le coût d'opération du tracteur?

d) Le fauchage et la préparation de bottes requièrent 35 heures de plus. Il en coûte 0,02 $ de ficelle par botte de luzerne. Il y a 180 bottes de luzerne par hectare. Combien coûtent au fermier la coupe et la préparation de bottes de luzerne?

_____

_____

_____

_____

_____

e) Le prix courant pour les bottes de luzerne est de 4,50 $. Le fermier a-t-il gagné de l'argent avec cette récolte? Si oui, combien?

_____

_____

_____

_____

_____

_____

f) En assumant un taux de dépréciation de 10 % sur le prix de l'équipement:

Tracteur	35 000 $
Épandeur de fertilisant	3 200 $
Charrue et disque	3 300 $
Semoir	11 000 $
Faucheuse	21 000 $
Machine à bottes	9 000 $
Chariot	1 500 $

Cette dépense étant inhérente à la récolte, quel est le salaire horaire du fermier? Le fermier a consacré 40 heures à la vente de sa récolte.

_____

_____

_____

_____

_____

_____

_____

_____

_____

_____

g) Une botte de luzerne pèse environ 30 kilogrammes.
Quel est le poids de la luzerne récoltée?

_____

h) Le fermier a dû irriguer la récolte 10 heures par semaine pendant les mois de juin, juillet et août. Le système d'irrigation coûte 16 000 $ et le tarif d'utilisation est de 8 $ de l'heure. Comment l'irrigation a-t-elle affecté son revenu net et son gain horaire?

_____

_____

_____

_____

_____

_____

9. Estimez les pourcentages et calculez-les à deux décimales:

a) Il y a 35 élèves dans votre classe, 20 d'entre eux sont des filles. Quel est le pourcentage de garçons?

_____

_____

_____

_____

b) Il y a 45 chevaux dans un champ. Parmi eux, 17 sont des percherons. Quel pourcentage constituent-ils?

_____

_____

c) Joe Sluger a été 25 fois au bâton pendant les trois dernières parties. Il a obtenu 10 coups. Quel est le pourcentage des coups sur le nombre de présence au bâton?

_____

_____

d) Alex Flid a tenté un «periquid» 35 fois. Il a réussi 8 fois. Quel pourcentage représente les «periquid» réussis?

_____

_____

e) Hans doit préparer une solution saline à 17,4 % dans le cadre d'un projet en chimie. Il a ajouté 3 kilogrammes de sel à 15 kilogrammes d'eau. Le pourcentage de salinité qu'il obtient est-il inférieur ou supérieur à celui qu'on lui demande?

_____

_____

_____

_____

 RÉVISION

1. La musique se mesure en temps. Dans votre journal de mathématiques, expliquez ce que signifie:

    a) 3 : 4 temps

    b) 4 : 4 temps

    c) 2 : 4 temps

    d) 6 : 8 temps

2. Dans votre journal de mathématiques, donnez votre interprétation de chacun des rapports aux questions 2 et 4 de EN TRANSIT. Qu'apportent réellement ces rapports aux lecteurs?

3. Dans votre journal de mathématiques, notez la lecture de l'odomètre d'une voiture. Calculez le temps de conduite et le coût en utilisant le prix local de l'essence. (Les régions nordiques ont un prix plus élevé pour l'essence, mais une lecture d'odomètre plus basse.)

4. Créez un problème impliquant le coût d'excavation d'un étang ou du sous-sol d'une maison en utilisant une grande pelle mécanique. Consultez un entrepreneur pour connaître le prix du transport de l'appareil jusqu'au site. La consommation d'essence variera selon la taille de l'appareil.

6.5 LES NOMBRES DÉCIMAUX

6.5.1 ADDITIONNER ET SOUSTRAIRE LES NOMBRES DÉCIMAUX

Afin d'additionner ou de soustraire des nombres décimaux, il est important de savoir arrondir.

Arrondir consiste à remplacer un nombre par une valeur qui lui est proche.

Règle: Afin d'arrondir un nombre à cette position, vérifier cette position.

Si le chiffre à cette position est 5 ou plus, augmentez le chiffre à cette position par un et laissez tomber les chiffres à la droite. Si le chiffre à cette position est moins que 5, laissez le chiffre à cette position comme il est et laissez tomber les chiffres à la droite.

EXEMPLE 1: Arrondir le nombre suivant au chiffre entier le plus près:

13,65

RÉPONSE: _____

EXEMPLE 2: Arrondir le nombre suivant au dixième près:

13,65

RÉPONSE: _____

EXEMPLE 3: Arrondir le nombre suivant au centième près:

13,659

RÉPONSE: _____

Pour additionner les nombres décimaux, on aligne les virgules décimales et on additionne les chiffres:

EXEMPLE 1: Léa et sa mère viennent d'acheter les vêtements suivants:

1 chandail	45,23 $
1 paire de pantalons	54,95 $
2 blouses	75,79 $

Calculez le total de leurs achats.

SOLUTION

Calcul:	45,23 $	Estimation:	45 $
	54,95		55
	75,79		76
	175,97 $		176 $

On fait l'estimation afin de vérifier si la somme calculée est raisonnable.

Si elles avaient 200 $ en poche, combien de monnaie ont-elles reçue?

$$200,00 \text{ \$} \quad \text{(On peut utiliser des zéros pour démontrer la valeur de position.)}$$
$$- \quad 175,97$$
$$\overline{\quad 24,03 \text{ \$}}$$

EN TRANSIT

1. Estimez puis effectuez les opérations arithmétiques suivantes:

a)
$$25,26$$
$$+ \ 4,50$$

b)
$$36,24$$
$$+ 40,36$$

c)
$$41,56$$
$$- 24,23$$

d)
$$336,24$$
$$+ \quad 3,49$$

e)
$$79,26$$
$$- 40,43$$

f)
$$8,432$$
$$- 2,626$$

g)
$$3,45$$
$$9,036$$
$$+ 4,20$$

h)
$$68,246$$
$$- 25,134$$

2. Estimez, ensuite calculez.

a) $0,56 + 0,4 + 7$

b) $4,87 + 20,5$

c) $8,08 + 54 + 43$

d) $245 - 38,6$

e) $28,47 - 2,88$

f) $9,49 - 3$

CORRESPONDANCE

Le tableau ci-dessous démontre les distances (minimale et maximale) entre le Soleil et cinq planètes:

Planète	Distance du Soleil (en millions de kilomètres)	
	Maximum	Minimum
Mercure	69,4	46,8
Vénus	109,0	107,6
Terre	152,6	147,4
Mars	249,2	207,3
Jupiter	817,4	741,6

a) Trouvez la différence entre les distances minimale et maximale du Soleil et chacune des planètes. (en millions de km)

_____

b) Trouvez la différence de distance maximale par rapport au Soleil entre les planètes suivantes:

Vénus et Mercure; Mars et la Terre; Jupiter et Mercure. (en millions de km)

_____

_____

_____

2. Raoul part en voyage. L'odomètre de son véhicule affiche 69 340,6. À la fin de son voyage, l'odomètre indique 74 425,9. Estimez le nombre de kilomètres parcourus durant ce voyage, puis calculez-le. De quelle façon votre estimation vous aide-t-elle à déterminer si votre réponse est réaliste?

_____

_____

3. D'après le tableau ci-dessous, quelle portion de 1 m³ d'air représentent la poussière, l'humidité et les autres gaz?

Gaz	Portion
Oxygène	0,21 m³
Azote	0,78 m³
Argon	0,0094 m³
Gaz carbonique	0,0003 m³
Poussière, humidité et autres gaz	?

RÉVISION

Dans votre journal de mathématiques, expliquez comment additionner ou soustraire des nombres décimaux. Pourquoi est-il plus facile d'additionner et de soustraire à la verticale qu'à l'horizontal?

UN PAS DE PLUS

Dans Internet, trouvez un site où on compare la valeur du dollar canadien à celle d'une autre monnaie. Avec ces données, inventez un problème qui implique l'addition ou la soustraction de nombres décimaux.

CHAPITRE 7
MESURE

Attente
- déterminer et appliquer la formule de calcul de l'aire d'un triangle et d'un parallélogramme.

Contenus d'apprentissage
- établir, à l'aide de matériel concret, les relations entre l'aire d'un rectangle, d'un parallélogramme et d'un triangle qui ont un côté congru entre eux.
- déterminer les formules pour trouver l'aire d'un triangle et d'un parallélogramme.
- tracer un triangle ou un parallélogramme d'aire et de périmètre donnés.
- déterminer la mesure manquante d'un rectangle, d'un triangle ou d'un parallélogramme d'aires données.

L'*aire* représente le nombre d'unités carrées nécessaires pour couvrir une surface plane.

Ceci est l'aire d'un centimètre carré.

L'aire de cette surface est de huit centimètres carrés.

EN TRANSIT

1. Trouvez l'aire de ces polygones. Inscrivez vos réponses dans le tableau de la page suivante.

a)

b)

c)

d)

e)

f)

Polygone	Longueur	Largeur	Aire
a)			
b)			
c)			
d)			
e)			
f)			

2. En vous basant sur l'information donnée dans le tableau ci-dessus, expliquez la relation qui existe entre la longueur et la largeur d'un rectangle et son aire.

_____

3. Créez une formule permettant de trouver l'aire de tout rectangle.

4. Voici ma formule: _____

UN PAS DE PLUS

Trouvez l'aire des polygones suivants.

a)

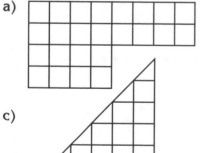

b)

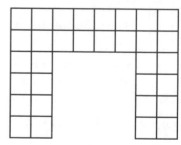

c)

d)

e)

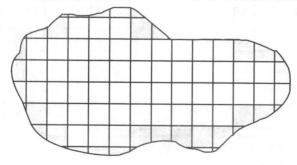

RÉPONSES:

a) _____

b) _____

c) _____

d) _____

e) _____

Pour calculer l'aire d'un rectangle, multipliez la longueur par la largeur.

$A = L \times l$

EXEMPLE:

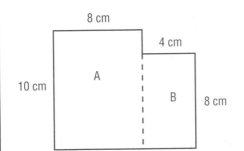

24 cm

12 cm

SOLUTION: L = 24 cm

l = 12 cm

A = L × l

A = 24 × 12

A = 288 cm²

On peut trouver l'aire de certaines formes en divisant celles-ci en deux ou trois régions. On trouve l'aire de chaque partie puis on les additionne pour connaître l'aire totale.

8 cm

4 cm

10 cm

A

B

8 cm

SOLUTION: Diviser la forme en deux rectangles.

Région «A»: L = 10 l = 8

A = 10 × 8

A = 80 cm²

Région «B»: L = 8   l = 4

A = 8 × 4

A = 32 cm²

L'aire totale est 80 cm² + 32 cm² = 112 cm²

EN TRANSIT

1. Trouvez l'aire des figures suivantes.

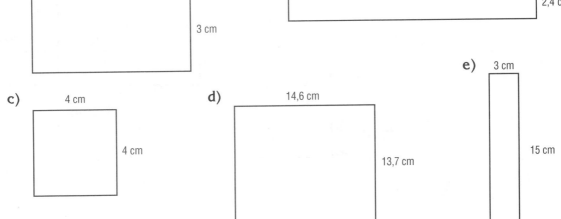

a)
6 cm
3 cm

b)
8,5 cm
2,4 cm

c)
4 cm
4 cm

d)
14,6 cm
13,7 cm

e)
3 cm
15 cm

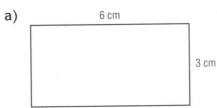

RÉPONSES

a) _____ b) _____ c) _____

d) _____ e) _____

2. Trouvez l'aire des figures suivantes.

a)
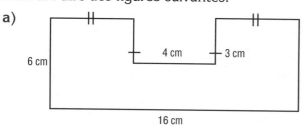

b)
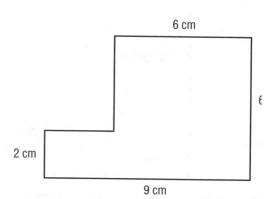

c)
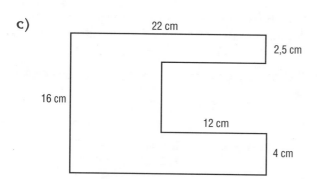

d)
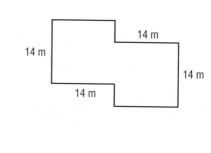

e)
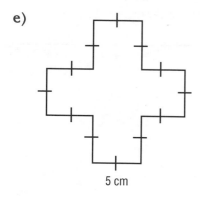

f)
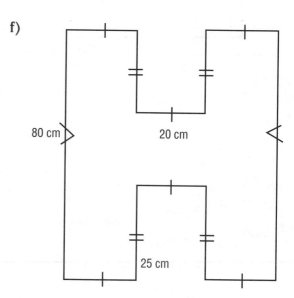

RÉPONSES

a) _____ b) _____ c) _____

d) _____ e) _____ f) _____

CORRESPONDANCE

1. Monsieur Chan veut couvrir son terrain de gazon. La cour arrière est carrée et mesure 15 m de longueur. Devant sa maison, il y a un espace rectangulaire qui mesure 12 m par 9 m. Un sac de 1 kilogramme de gazon couvre 2 mètres carrés de pelouse. Trouvez l'aire des deux terrains et la quantité de gazon requise pour les recouvrir.

   Aire de la cour arrière:_____

   Aire de l'espace avant: _____

   Quantité de gazon nécessaire pour recouvrir les deux endroits: _____

2. Un litre de peinture couvre une surface de 7 mètres carrés. Combien faut-il de litres pour couvrir deux murs mesurant 14 m par 3,5 m chacun?

   Réponse: _____

3. Monsieur Rimmel veut installer une piscine dans sa cour arrière. Comme il a une famille nombreuse, il désire une piscine mesurant 64 mètres carrés. Quelles sont les dimensions possibles de la piscine? Lesquelles seraient idéales? Justifiez votre réponse. (Employez des nombres entiers.)

   Dimensions possibles: _____

   Dimensions idéales: _____

4. Sur du papier quadrillé de 1 cm, dessinez les figures suivantes:

   Un rectangle d'aire

   a) 8 cm²   b) 20,25 cm²

   _____   _____

1. Voici les dimensions d'une maison et de son terrain. Calculez l'aire de chaque région du plan.

a) Cour avant: _____ b) Maison: _____ c) Terrasse: _____

d) Potager: _____ e) Cour arrière: _____

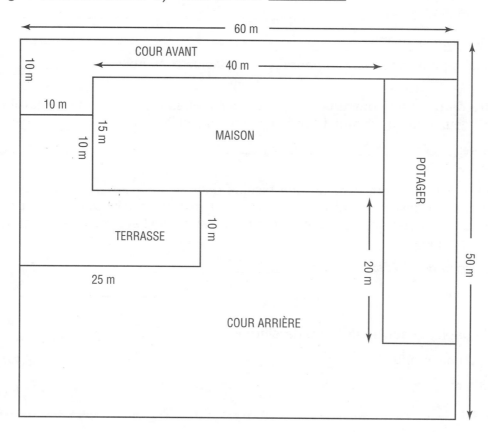

2. Vous avez acheté deux affiches de votre groupe rock préféré. L'une d'elles mesure 45 cm × 50 cm et l'autre mesure 90 cm × 60 cm. Pour pouvoir les installer côte à côte, quelle devra être la superficie minimale du mur?

Réponse: _____

Pour trouver l'aire d'un parallélogramme, multipliez la base par la hauteur.

$A = B \times H$

EXEMPLE:

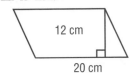

12 cm

20 cm

SOLUTION: B = 20 cm

H = 12 cm

A = L × l

A = 20 cm × 12 cm

A = 240 cm²

- Rappelez-vous que la hauteur d'un parallélogramme équivaut à la distance entre les deux côtés parallèles, et que cette ligne forme toujours un angle droit avec la base.
- Si vous découpiez le triangle du dessin ci-dessous et que vous l'attachiez à l'autre extrémité du parallélogramme, qu'obtiendriez-vous?

Explorons la relation «rectangle et parallélogramme». Quelle relation y a-t-il entre l'aire d'un rectangle et celle d'un parallélogramme?

C'est la même aire, car on peut dire qu'un rectangle est un parallélogramme à angles droits (s'ils ont tous deux la même dimension).

EN TRANSIT

1. Expliquez en vos propres mots comment la formule pour trouver l'aire d'un rectangle est semblable à celle utilisée pour trouver l'aire d'un parallélogramme. Démontrez-le en dessinant et en découpant les mesures.

_____

_____

2. Trouvez l'aire des parallélogrammes dont les dimensions sont indiquées ci-dessous:

a) base: 8 cm   hauteur: 3 cm   aire: _____

b) base: 5 cm   hauteur: 18 cm   aire: _____

c) base: 22 cm   hauteur: 33 cm   aire: _____

Si on avait des rectangles avec ces mêmes dimensions, que pourrait-on dire de leurs aires?

_____

_____

3. Trouvez l'aire des parallélogrammes suivants:

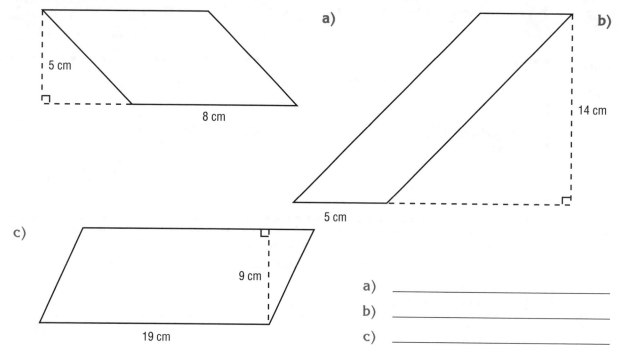

a)

b)

c)

5 cm

8 cm

14 cm

5 cm

9 cm

19 cm

a) _____

b) _____

c) _____

CORRESPONDANCE

1. Trouvez l'aire des figures suivantes:

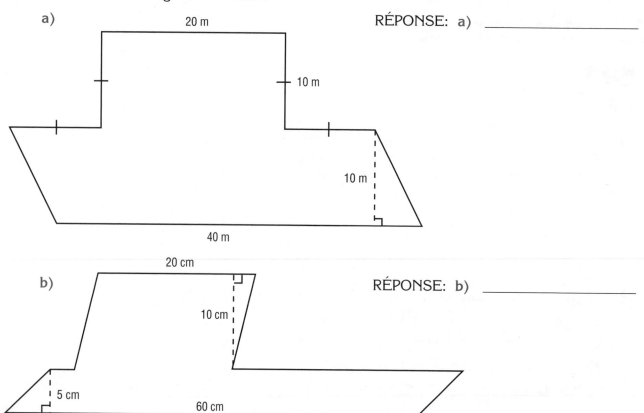

a)

20 m

10 m

10 m

40 m

RÉPONSE: a) _____

b)

20 cm

10 cm

5 cm

60 cm

RÉPONSE: b) _____

2. Dessinez, dans l'encadré ci-dessous, un parallélogramme dont l'aire est de:

a) 24 cm^2

b) 16 cm^2

7.4 TROUVER L'AIRE DES TRIANGLES

Pour trouver l'aire d'un triangle, multipliez la base par la hauteur et divisez par 2.

EXEMPLE:

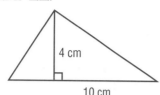

4 cm

10 cm

SOLUTION:

B = 10 cm
H = 4 cm
A = (B × H) ÷ 2
A = (10 × 4) ÷ 2
A = 20 cm²

- Rappelez-vous que la hauteur d'un triangle correspond à la distance entre sa base et le sommet opposé et que cette ligne forme toujours un angle droit avec la base.

- Dans un triangle à angle droit, la hauteur correspond à la longueur d'un des côtés qui forme l'angle droit.

Explorons les relations.

- Si vous joignez correctement deux triangles identiques, vous obtiendrez un parallélogramme. Essayez.

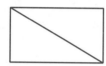

Quelle relation y a-t-il entre l'aire d'un triangle et l'aire d'un parallélogramme? entre un triangle et un rectangle?

EN TRANSIT

1. Expliquez en vos propres mots comment la formule pour trouver l'aire d'un parallélogramme ressemble à celle pour trouver l'aire d'un triangle. Démontrez-le en dessinant et en découpant.

_____

_____

_____

2. Complétez les espaces blancs.

a) base: 14 cm hauteur: 6 cm aire: _____

b) base: 4,8 cm hauteur: 1,8 cm aire: _____

c) base: 5,9 cm hauteur: 3,3 cm aire: _____

d) base: _____ cm hauteur: 18 cm aire: 90 cm²

e) base: 5 cm hauteur: _____ cm aire: 35 cm²

f) base: _____ cm hauteur: 1,2 cm aire: 2,4 cm²

3. Trouvez l'aire des triangles suivants.

a)

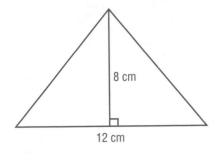

8 cm

12 cm

b)

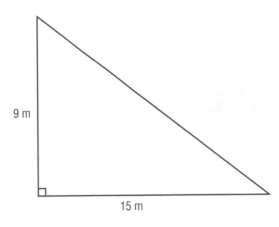

9 m

15 m

c)

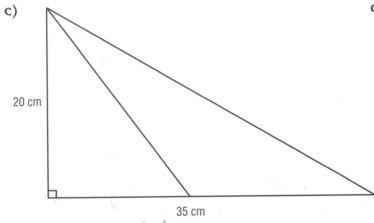

20 cm

35 cm

d)

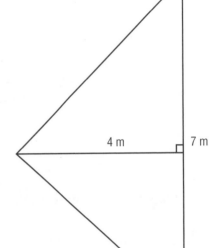

4 m

7 m

e)

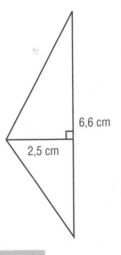

6,6 cm

2,5 cm

f)

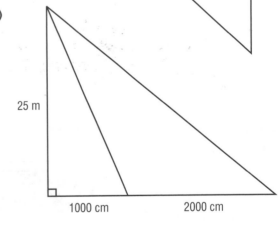

25 m

1000 cm   2000 cm

RÉPONSES:

a) _____   b) _____

c) _____   d) _____

e) _____   f) _____

4. Dessinez, sur une feuille détachable, un triangle dont l'aire est de:

a) 6 cm²

b) 18 cm²

_____   _____

CORRESPONDANCE

1. Un fanion est découpé dans un tissu, en forme rectangulaire, mesurant 35 cm de largeur par 80 cm de longueur. Les dimensions du fanion sont indiquées dans le schéma ci-dessous. Quelle est l'aire du fanion? Combien restera-t-il de tissu une fois le fanion découpé?

Aire du fanion:_____

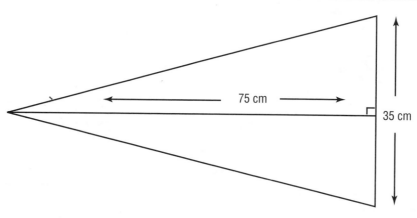

Quantité de tissu restant:_____

2. Votre famille a gagné un voilier à la loterie. Voici un schéma du voilier. Calculez l'aire des voiles.

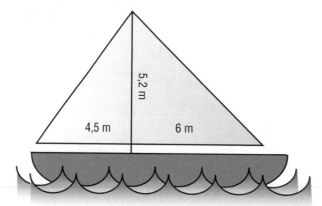

Réponse:_____

3. Connaissant l'aire de chacune des figures ci-dessous, déterminez la longueur des côtés manquants.

a)

4 cm

Aire: 36 cm²

_____

b)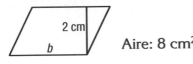

2 cm

b

Aire: 8 cm²

c)

h

2 cm

Aire: 2 cm²

_____   _____

4. Tracez les figures suivantes.

a) Un carré ayant un périmètre de 10 cm. Indiquez la longueur de ses côtés et son aire.

_____

b) Un rectangle ayant un périmètre de 16 cm et une aire de 15 cm². Trouvez la longueur de ses côtés.

P = 16 cm   A = 15 cm²

c) Un parallélogramme ayant un périmètre de 24 cm a deux côtés plus courts que les autres. Trouvez son aire et la longueur de ses côtés.

_____

_____ .

 UN PAS DE PLUS

Vous avez deux triangles dont l'aire est de 24 centimètres carrés chacun. La base du premier triangle mesure 6 cm. Quelle est sa hauteur? La hauteur du deuxième triangle est de 12 cm. Quelle est la longueur de sa base?

Hauteur du premier triangle: _____

Base du deuxième triangle:_____

Attente
- identifier le développement qui correspond à un polyèdre donné.

Contenus d'apprentissage

Figures planes
- construire un modèle à l'aide de cubes et le dessiner sur du papier à points.

Solides
- classifier divers solides, notamment la sphère, le cylindre et le cône dans la famille des polyèdres ou des corps ronds.
- dessiner le développement d'un cylindre et d'un cône.
- associer divers polyèdres à leur développement.

Les solides

Les solides géométriques sont des formes à trois dimensions.

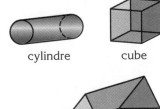

cylindre   cube   prisme à base rectangulaire   pyramide à base rectangulaire   prisme à base hexagonale   prisme à base pentagonale

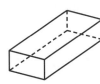

pyramide à base rectangulaire   pyramide à base triangulaire   pyramide à base pentagonale   sphère   cône

Il existe deux catégories de solides:

a) les corps ronds:
- cônes
- cylindres
- sphères
- ...

EXEMPLES

Cônes   Cylindres   Sphère

b) les polyèdres: • cubes
                   • prismes
                   • pyramides
                   • ...

Prismes   Cube

Pyramides

Un *polyèdre* est un objet tridimensionnel dont les faces sont des polygones.

Les noms des polyèdres varient selon leur nombre de faces.

4 faces:	tétraèdre	8 faces:	octaèdre
5 faces:	pentaèdre	10 faces:	décaèdre
6 faces:	hexaèdre	12 faces:	dodécaèdre
7 faces:	heptaèdre	20 faces:	icosaèdre

Par exemple, un cube qui a six faces carrées se nomme un hexaèdre.

1. Reliez le nom du polyèdre dans la colonne gauche à l'objet correspondant dans la colonne droite.

hexaèdre   prisme décagonal

décaèdre   prisme triangulaire

tétraèdre   pyramide hexagonale

octaèdre   pyramide pentagonale

heptaèdre   prisme octaédral

dodécaèdre   prisme hexagonal

pentaèdre   pyramide triangulaire

2. Nommez deux objets ayant le même nombre de faces que les polyèdres suivants.

pentaèdre: _____ ou _____

hexaèdre: _____ ou _____

octaèdre: _____ ou _____

3. Nommez quatre objets qui sont du même type de polyèdre. Écrivez le nom du polyèdre et des quatre objets.

_____

··
    Un *développement* est un patron qui, une fois plié, devient une forme en trois dimensions.
··

Les polyèdres sont construits à partir de développements. En découpant le patron de l'objet dans un carton, en le pliant et en le collant, on obtient le polyèdre. On procède en deux étapes lorsqu'on veut identifier ou dessiner un développement. Premièrement, le développement doit avoir le bon nombre de faces et de la forme voulue pour que l'on puisse exécuter le polyèdre. Par exemple, le développement du cube doit comporter six carrés congrus.

Deuxièmement, les faces doivent être placées sur le développement de manière à obtenir le polyèdre souhaité lorsqu'on le plie. Il y a 35 manières différentes d'agencer six carrés congrus de façon à ce qu'au moins un des côtés de chaque carré corresponde à un côté d'un autre carré, mais il y a seulement 11 de ces agencements qui sont des développements d'un cube.

Pouvez-vous imaginer quelque chose de plus ennuyant que de dessiner, découper et plier 35 développements qui deviennent tous un cube? On peut faire le travail plus rapidement en visualisant ces opérations et en imaginant ce que devient le développement une fois plié.

 **EN TRANSIT**

8.1.1 IDENTIFIER LES DÉVELOPPEMENTS

1. Les figures suivantes sont peut-être les développements d'un cube. Lesquelles formeraient un cube fermé? (Rappelez-vous les étapes: 1. Y a-t-il le nombre exact de faces sur chaque forme pour faire un polyèdre? 2. Le développement peut-il être plié de façon à former un cube?)

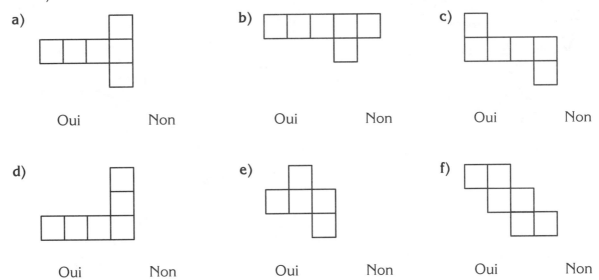

a)   b)   c)

  Oui   Non   Oui   Non   Oui   Non

d)   e)   f)

  Oui   Non   Oui   Non   Oui   Non

2. Quelles sont les figures qui peuvent être pliées de façon à former un prisme triangulaire?

a)

Oui   Non

b)

Oui   Non

c)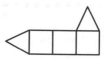

Oui   Non

d)

Oui   Non

e)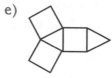

Oui   Non

f)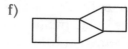

Oui   Non

3. Indiquez les développements qui peuvent former un octaèdre fermé.

a)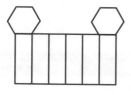

Oui   Non

b)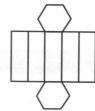

Oui   Non

c)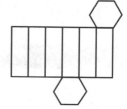

Oui   Non

4. Quelques-uns de ces développements formeront des polyèdres fermés.

Comment nommera-t-on ces polyèdres? _____

Identifiez les développements qui formeront ces polyèdres.

a)

Oui   Non

b)

Oui   Non

c)

Oui   Non

d)

Oui   Non

e)

Oui   Non

f)

Oui   Non

RÉVISION

1. Expliquez la relation qui existe entre les faces d'un objet géométrique et le développement de cet objet.

2. Il y a 35 façons de joindre six carrés de manière à ce qu'au moins un de leurs côtés se touche. Cependant, seules 11 d'entre elles sont des développements de cubes fermés. En vous basant sur votre expérience, expliquez comment sélectionner les développements qui formeront des cubes fermés sans en faire la construction tangible.

3. Voici les développements d'un cube. Inscrivez un numéro sur chacun des côtés du cube, de façon à ce que la somme des côtés opposés égale 100.

a)

		0
50		
	25	

b)

30	60	
	90	

c)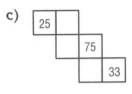

25		
	75	
		33

* deux nombres dont la somme est 100.

UN PAS DE PLUS

1. Sur du papier quadrillé, dessinez à l'échelle le développement d'un prisme rectangulaire. Les deux faces parallèles mesurent 2,0 cm de large par 4,0 cm de long. La longueur comprise entre ces deux rectangles est de 6 cm. Les carrés du papier quadrillé mesurent 1 cm de côté.

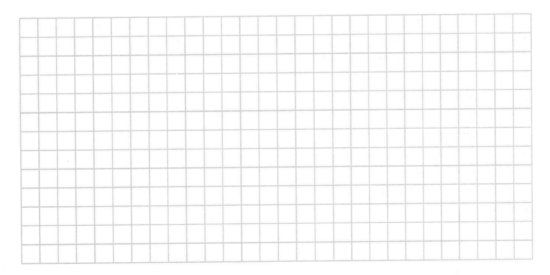

2. Dans le logiciel TABS, pratiquez-vous à dessiner des polyèdres. Choisissez-en deux et imprimez leur développement. Découpez-les et, sans les nommer, demandez à un autre élève de reconstruire les polyèdres.

8.2 DESSINER EN TROIS DIMENSIONS

Pour cette section, il vous faudra un ensemble de 20 cubes de même dimension: dés, cubes de sucre, cubes de carton réalisés à partir de développements, etc.

1. Répondez aux questions suivantes concernant la structure illustrée à droite. Vous pouvez reproduire la structure, si nécessaire. Supposez que les cubes mesurent 1 cm de côté.

a) Combien de cubes forment l'étage supérieur?

_____

b) Combien de cubes forment le deuxième étage?

_____

c) Combien de cubes forment le premier étage?

_____

d) Quel est le volume de la structure? _____

e) Quelle est l'aire de la base? _____

f) Quel est le périmètre de la base? _____

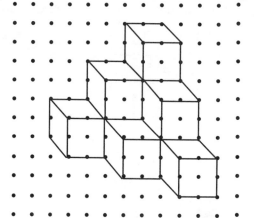

2. Construisez un modèle des structures tridimensionnelles suivantes. Utilisez-le pour vous aider à dessiner les vues de dessus, ainsi que les vues frontale et latérale de la structure.

a)

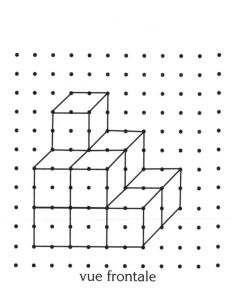

vue frontale

vue de dessus

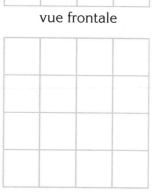

vue frontale

vue latérale

b)

vue de dessus

vue frontale   vue latérale

 EN TRANSIT

1. Les schémas ci-dessous, à gauche, sont des dessins isométriques représentant différentes structures. Elles ne sont pas représentées de face. Reproduisez, à l'aide de vos blocs, un modèle de chacune d'elles. Utilisez-le pour vous aider à dessiner la structure de face, sur le papier isométrique à droite.

a)

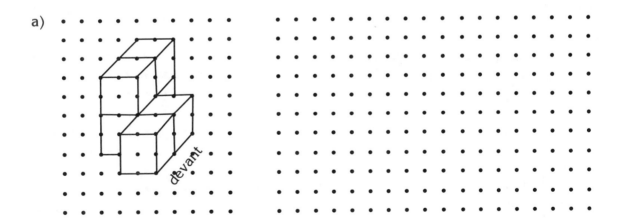

devant

b)

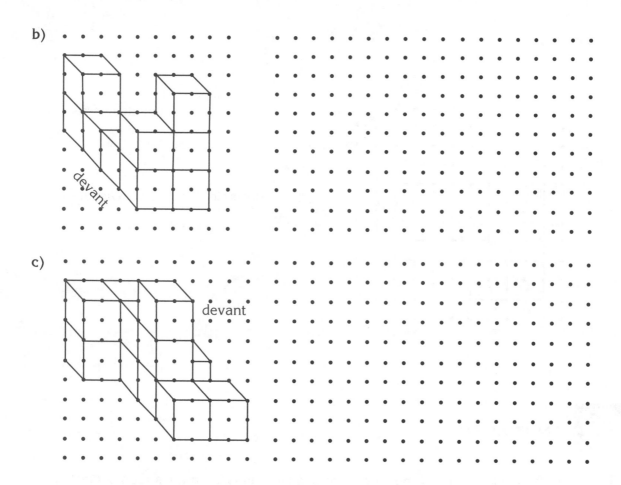

c)

2. Vous avez ici les vues de dessus ainsi que les vues frontale et latérale gauche de la maquette d'un immeuble réalisée avec des cubes. Reproduisez le modèle, à l'aide de vos blocs. Dessinez un plan de la structure sur le papier isométrique, à droite.

a)

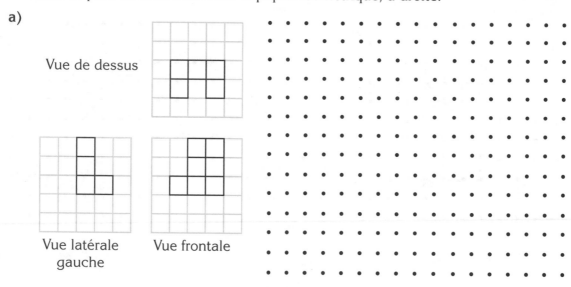

Vue de dessus

Vue latérale gauche

Vue frontale

b)

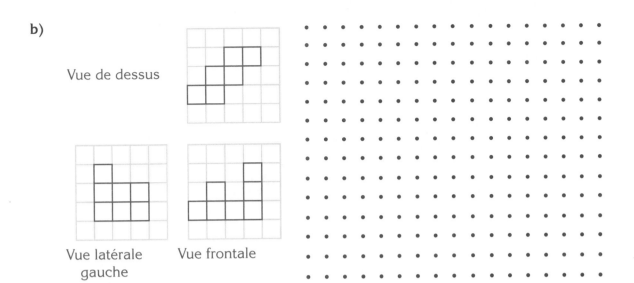

Vue de dessus

Vue latérale
gauche

Vue frontale

3. Construisez une structure conforme aux dimensions données en centimètres cubes. (Si les cubes que vous utilisez ne représentent pas des cm cubes, prétendez que oui.) Reproduisez vos structures sur du papier isométrique que peut vous fournir votre enseignant ou votre enseignante.

a) Volume = 7 cm^3, aire de la base = 4 cm^2, périmètre de la base = 10 cm, hauteur = 2 cm.

b) Volume = 9 cm^3, aire de la base = 5 cm^2, périmètre de la base = 10 cm, hauteur = 2 cm.

c) Volume = 10 cm^3, aire de la base = 5 cm^2, périmètre de la base = 12 cm, hauteur = 3 cm.

d) Volume = 12 cm^3, aire de la base = 5 cm^2, périmètre de la base = 10 cm, hauteur = 3 cm.

e) Volume = 15 cm^3, aire de la base = 6 cm^2, périmètre de la base = 12 cm, hauteur = 3 cm.

f) Construisez une structure aux dimensions de votre choix. Notez ces dimensions sur le papier isométrique.

g) En utilisant les mêmes dimensions qu'en f), réalisez une structure complètement différente. Reproduisez le schéma et indiquez les dimensions de cette nouvelle structure sur le papier isométrique.

RÉVISION

1. À la question n° 3 de la section EN TRANSIT, vous avez fait sept schémas isométriques de structures tridimensionnelles. Retournez voir vos solutions. À l'aide de vos cubes, reconstruisez les structures de ces schémas.

2. Vous avez abordé deux méthodes pour dessiner des objets tridimensionnels, à plat sur une feuille de papier bidimensionnelle. Premièrement, par les schémas isométriques et deuxièmement, par des dessins de la structure vue de dessus, de face et de côté. Quelle méthode vous semble la plus simple pour reproduire les structures. Pourquoi? Quelle méthode vous semble la plus facile pour vous guider dans la construction des structures. Pourquoi? Dans quel cas l'une serait préférable à l'autre?

9.1 DESCRIPTION DES RÉGULARITÉS

Attente
- faire des prédictions à partir de l'observation de régularités dans des données.

Contenus d'apprentissage
- identifier des régularités dans des tableaux de données secondaires.
- identifier la règle reliant un terme au suivant à partir d'un tableau de valeurs entières positives.

Tables à deux entrées et coordonnées dans un repère cartésien.

Les nombres d'un tableau de valeurs peuvent s'écrire sous forme de paires ordonnées.

Premier nombre	Second nombre		Paire ordonnée
0	3	=	(0,3)
1	4	=	(1,4)
2	5	=	(2,5)
3	6	=	(3,6)
4	7	=	(4,7)
5	8	=	(5,8)

Les paires ordonnées d'un tableau de valeurs peuvent être dessinées sur un repère cartésien. Le premier nombre représente la distance horizontale du point d'origine (0,0). Le deuxième nombre représente la distance verticale du point d'origine.

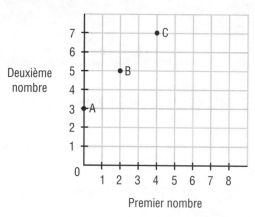

Les points A, B, C représentent les paires ordonnées suivantes:
A (0,3) B (2,5) C (4,7)

1. Observez les schémas ci-dessous ainsi que le tableau de valeurs correspondant. Complétez-le.

Nombre de rectangles	Nombre de triangles
1	3
2	6

Description de la régularité:

_____

2. Indiquez les paires ordonnées du tableau précédent comme des points sur le repère cartésien.

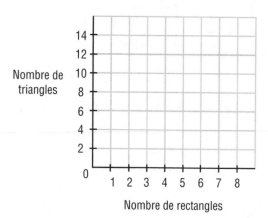

Combien y aurait-il de triangles s'il y avait 30 rectangles?

_____

EN TRANSIT

1. Sur chaque repère cartésien, indiquez les paires ordonnées indiquées.

a) (1,2) (2,4) (3,6) (4,8) (5,10) (6,12)   **b)** (2,0) (3,1) (4,1) (8,2) (10,6) (12,4)

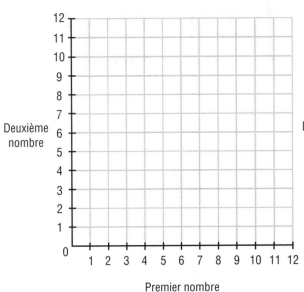
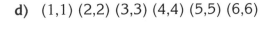

c) (1,2) (3,5) (5,5) (6,1) (7,4) (9,9)   **d)** (1,1) (2,2) (3,3) (4,4) (5,5) (6,6)

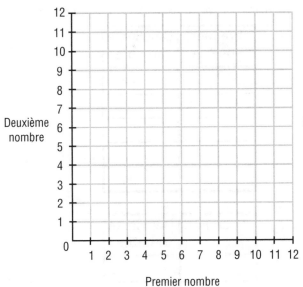
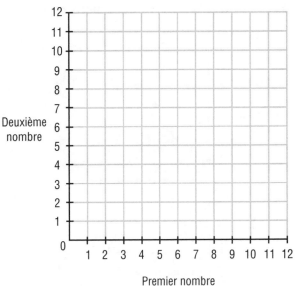

2. Indiquez toutes les coordonnées des trois tableaux de valeurs sur le repère cartésien ci-dessous.

a)

Premier nombre	Deuxième nombre
0	3
3	4
4	6
6	7
7	8

b)

Premier nombre	Deuxième nombre
1	1
2	2
5	3
8	4
9	5

c)

Premier nombre	Deuxième nombre
2	1
4	3
6	5
8	7
10	9

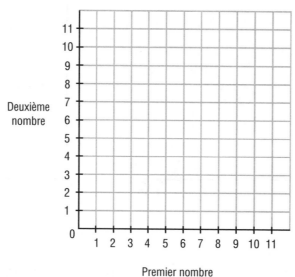

3. À partir des repères cartésiens ci-dessous, remplissez le tableau de valeurs correspondant.

a)

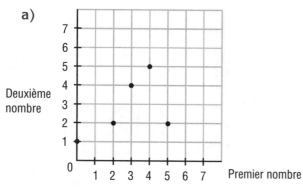

Premier nombre	Deuxième nombre

b)

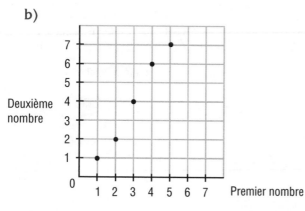

Premier nombre	Deuxième nombre

c)

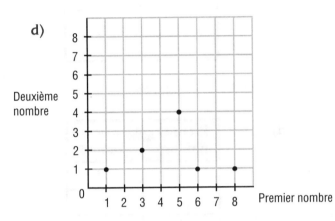

Premier nombre	Deuxième nombre

d)

Premier nombre	Deuxième nombre

4. Analysez les régularités des tableaux de valeurs suivants. Essayez de trouver la règle (entre le premier et le deuxième nombre) pour chacune d'elles.

a)

Premier nombre	Deuxième nombre
10	30
2	6
13	39
4	12
15	45
6	18

b)

Premier nombre	Deuxième nombre
40	20
46	23
44	22
18	9
110	55
2	1

c)

Premier nombre	Deuxième nombre
11	9
5	3
17	15
14	12
99	97
41	39

Règle de régularité:

_____

Règle de régularité:

_____

Règle de régularité:

_____

5. Écrivez une règle de régularité qui s'applique à chacun des tableaux de valeurs ci-dessous. Attention: certaines règles comportent deux étapes.

a)

Premier nombre	Deuxième nombre
7	22
3	10
5	16
9	28
11	34
2	7

Règle de régularité_____

b)

Premier nombre	Deuxième nombre
2	10
7	35
12	60
9	45
4	20
3	15

Règle de régularité_____

c)

Premier nombre	Deuxième nombre
3	14
6	20
9	26
7	22
8	24
4	16

Règle de régularité_____

d)

Premier nombre	Deuxième nombre
5	12
1	4
2	6
7	16
14	30
11	24
2	6

Règle de régularité_____

6. Créez votre propre tableau de valeurs. Votre règle de régularité doit impliquer deux opérations. Demandez à un collègue de découvrir votre règle de régularité et de compléter le tableau de valeurs.

7. Après avoir trouvé la règle de régularité encerclez, dans chaque tableau de valeurs, les paires ordonnées qui ne suivent pas la règle.

a) Règle de régularité

_____

Premier nombre	Deuxième nombre
1	8
9	15
10	17
7	14
2	9
11	18

b) Règle de régularité

_____

Premier nombre	Deuxième nombre
10	36
4	12
7	24
1	0
8	30
9	36

c) Règle de régularité

_____

Premier nombre	Deuxième nombre
18	52
21	61
3	7
12	33
15	42
4	14

8. Les modèles ci-dessous ont été construits avec des triangles équilatéraux.

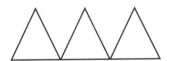  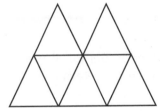

a) Découvrez la règle de régularité?_____

b) Décrivez la façon de construire le quatrième modèle._____

c) Dessinez ci-dessous le quatrième.

d) Combien faudrait-il ajouter de triangles pour construire le quatrième modèle si un triangle était ajouté à sa base? Si trois triangles étaient ajoutés à sa base? Si cinq triangles étaient ajoutés à sa base?

Nombre de triangles requis pour le quatrième modèle:_____

Nombre de triangles requis pour le modèle ayant une base à quatre triangles: _____

Nombre de triangles requis pour le modèle ayant une base à six triangles: _____

Nombre de triangles requis pour le modèle ayant une base à huit triangles:_____

Description de la régularité:

_____

CORRESPONDANCE

1. Tushar possède et gère un petit verger de pommes. Un pommier de deux mètres de hauteur donne 50 pommes, un pommier de trois mètres en donne 70 et celui de quatre mètres en donne 90.

a) Si cette régularité continuait, combien de pommes donnerait un pommier de huit mètres?

Hauteur en mètres	Nombre de pommes Un arbre	Dix arbres
2	50	
3	70	
4	90	
5		

b) Si, dans le verger, il y a 10 arbres de chacune des hauteurs figurant dans le tableau, combien compterait-on de pommes au total?

_____

_____

c) Les clients de Tushar cueillent eux-mêmes leurs pommes dans le verger. Ils cueillent, en moyenne, 1450 pommes par semaine. En combien de semaines le verger sera-t-il le problème? Utilisez le tableau ci-dessous pour continuer la régularité et vous aider à solutionner le problème.

Semaine	Total des pommes cueillies
1	1450
2	2900
3	

_____

_____

2. Laura, Marie et Julia planifient une randonnée de deux cents kilomètres à bicyclette, répartie sur quatre jours. À la boutique de vélo, elles se procurent une carte topographique afin de bien préparer l'excursion. Cette carte indique les élévations de la route qu'elles veulent suivre. Elles ont noté les points A à E, qui représentent les distances quotidiennes qu'elles prévoient parcourir.

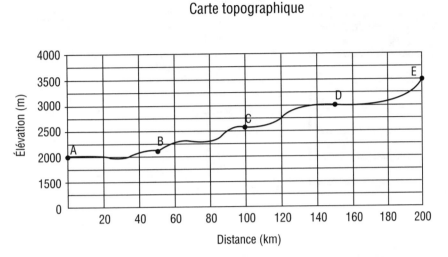

Carte topographique

A – Point de départ
B – Destination de la première journée
C – Destination de la deuxième journée
D – Destination de la troisième journée
E – Destination finale

Indiquez sur le tableau de valeurs ci-dessous, les coordonnées de la distance et de l'élévation pour les points A, B, C, D et E.

Distance (km)	Élévation (m)
A	
B	
C	
D	
E	

La carte topographique est présentée comme un diagramme. Étant donné que les filles y ont indiqué leurs points de destination, cette carte leur sert aussi de carte géographique. Décrivez, en vos mots, deux régularités que vous avez observées.

1. _____

2. _____

Comme l'indique leur carte, les filles ont l'intention de rouler 50 km par jour. Êtes-vous d'accord avec elles? Quels autres facteurs, outre la distance, prendriez-vous en considération si vous aviez à planifier une telle excursion?

_____

_____

3. Le diagramme suivant indique la distance horaire moyenne franchie par un train.

a) Complétez le tableau de valeurs basé sur le diagramme.

Durée du voyage	Distance parcourue (km)
1	
2	
3	
4	
5	

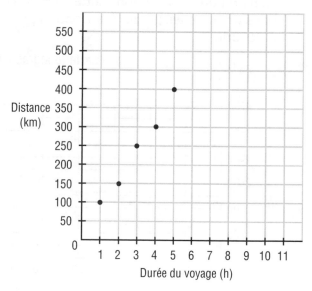

b) Description de la régularité: _____

c) Selon cette régularité, quelle distance franchira le train en huit heures? _____

d) Suggérez une ou plusieurs raisons pour lesquelles le train ne roule pas à une vitesse constante.

_____

_____

e) Énumérez les villes que vous traverseriez si vous voyagiez sur ce train pendant huit heures. Présumez que le train parte de chez vous et que la voie ferrée se rende directement à chacune des villes.

_____

_____

4. Ce tableau de valeurs indique le prix des photocopies.

Nombre de copies	Coût par copie (cents)
1	,20
2	,15
3	,15
4	,15
5+	,10

a) Combien coûtera cinq photocopies?

_____

b) Tracez les données énumérées en a) sur le diagramme qui suit.

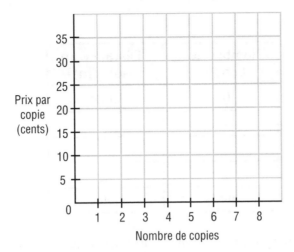

Prix par copie (cents)

Nombre de copies

RÉVISION

Dans votre journal de mathématiques, expliquez ce qu'est un tableau de valeurs et comment indiquer les paires ordonnées sur une grille coordonnée.

ACTIVITÉ

Faire rebondir une balle.

Utilisez une balle de tennis ou toute autre balle rebondissante. Laissez-la tomber d'une hauteur de deux mètres et mesurez la hauteur maximale atteinte par la balle après chaque bond. Y a-t-il une régularité?

Complétez le tableau de valeurs ci-dessous et construisez un diagramme.

Nombre de bonds	Distance au sol (cm)
0	200 cm
1	—
—	—
—	—
etc.	etc.

Expliquez la régularité que vous avez observée et notée ci-dessus.

Tentez la même expérience avec une autre sorte de balle.

Tableau de valeurs

Nombre de bonds	Distance au sol (cm)
0	200 cm
1	___
___	___
___	___
etc.	etc.

Indiquez vos données sur un diagramme. (Utilisez du papier quadrillé.)

La régularité est-elle différente de celle observée avec la première balle?

_____

Si oui, pourquoi?

_____

_____

 UN PAS DE PLUS

Découvrir des régularités intéressantes à l'aide d'une calculatrice.

1. Les résultats de certaines multiplications, divisions et autres opérations peuvent parfois surprendre.

Essayez ce qui suit.

a)
$$1 \times 1 =$$
$$11 \times 11 =$$
$$111 \times 111 =$$
$$1111 \times 1111 =$$
$$11111 \times 11111 =$$
$$111111 \times 111111 =$$
$$1111111 \times 1111111 =$$
$$11111111 \times 11111111 =$$
$$111111111 \times 111111111 =$$

b) 37×3 = _____

37×6 = _____

37×9 = _____

37×12 = _____

37×15 = _____

37×18 = _____

37×21 = _____

37×24 = _____

37×27 = _____

c) $1 \times 8 + 1$ = _____

$12 \times 8 + 2$ = _____

$123 \times 8 + 3$ = _____

$1234 \times 8 + 4$ = _____

$12345 \times 8 + 5$ = _____

$123456 \times 8 + 6$ = _____

$1234567 \times 8 + 7$ = _____

$12345678 \times 8 + 8$ = _____

$123456789 \times 8 + 9$ = _____

d) $9 \times 9 + 7$ = _____

$9 \times 98 + 6$ = _____

$9 \times 987 + 5$ = _____

$9 \times 9876 + 4$ = _____

$9 \times 98765 + 3$ = _____

$9 \times 987654 + 2$ = _____

$9 \times 9876543 + 1$ = _____

$9 \times 98765432 + 0$ = _____

$9 \times 987654321 - 1$ = _____

2. Pensez aux régularités numériques rencontrées quotidiennement, ou créez la vôtre. À l'aide de *Microsoft Publisher*®, faites un tableau ayant au moins douze colonnes et une rangée pour disposer votre régularité. Montrez votre tableau à vos collègues et voyez s'ils peuvent l'expliquer. Ensuite, utilisez ce logiciel pour créer des régularités plus détaillées ou plus complexes. Amusez-vous!

CHAPITRE 10

TRAITEMENT DES DONNÉES ET PROBABILITÉS

10.1 UTILISER ET INTERPRÉTER LES DIAGRAMMES

Attentes
- présenter des données à l'aide de diagrammes à lignes brisées.
- démontrer une compréhension du concept de médiane.

Contenus d'apprentissage

Traitement des données
- construire à la main ou à l'ordinateur divers types de diagrammes, notamment le diagramme à ligne brisée, et inscrire les légendes appropriées.
- comparer et choisir, à l'aide d'un logiciel de graphiques, le genre de diagramme qui représente le mieux un ensemble de données.

On appelle *diagramme* la représentation visuelle des données. Les données peuvent être présentées sous différentes formes de diagrammes et vice versa.

Les données sont présentées différemment selon le diagramme qu'on utilise. Parfois, on utilise différents types de diagrammes pour présenter les mêmes données.

Les *diagrammes à bandes* sont utilisés lorsque l'on compare une partie à d'autres.

Les *diagrammes à lignes brisées* indiquent l'évolution d'une situation.

Les *diagrammes circulaires* présentent chaque partie comme le pourcentage d'un tout.

Les *diagrammes à points* sont utilisés pour observer les résultats d'une expérience.

 EN TRANSIT

Quel type de diagramme (à bandes, à ligne brisée, circulaire ou à points) utilisez-vous pour illustrer ce qui suit?

1. L'heure du lever du soleil à Kingston au début de chacun des mois de l'année. _____

2. Le nombre de films visionnés par vos collègues de classe le mois dernier._____

3. Le nombre de fois que vous avez obtenu 6 après avoir lancé quinze dés._____

4. La façon dont un élève de 6ᵉ année dépense son argent de poche hebdomadaire. _____

5. Le nombre d'enfants que comptent les familles de chacun des élèves de la classe. _____

CORRESPONDANCE

1. Quel type de diagramme utiliseriez-vous pour illustrer les données suivantes? Utilisez un logiciel de texte, tel que Corel Word Perfect® ou Word® pour établir votre diagramme.

Petit déjeuner		
Type	Pointage	Effectifs
Céréales chaudes	////	5
Céréales froides	//// //// //// //	17
Rôties	//// //// ///	13
Bagels	//// ////	10
Crêpes ou gaufres	////	4

2. Quel type de diagramme avez-vous choisi? Pourquoi?

_____

3. Quel autre type de diagramme pourriez-vous utiliser?_____

4. Quel type de diagramme ne pourrait être utilisé?_____

RÉVISION

Retournez aux sections 5.1 et 5.2. Choisissez un des sondages et illustrez-le par un diagramme. Entrez les données sur une feuille de calcul et dessinez le diagramme approprié.

Quel type de diagramme avez-vous choisi?_____

Quels autres types de diagrammes avez-vous essayé?_____

Pour quelle raison le diagramme que vous avez choisi s'est-il avéré le meilleur pour illustrer ces données?

_____

10.2 LIRE ET DESSINER DES DIAGRAMMES À LIGNES BRISÉES

> Un diagramme permet de présenter les données. Un *nuage de points* indique l'existence d'une relation entre deux variables au moyen de points placés aux bons endroits sur un graphique.

1. Les pêcheurs du Lac Nipigon ont dénombré les poissons trouvés morts dans la région. Le ministère de l'Environnement a, quant à lui, enregistré l'indice de pollution de la région. Les données figurent dans ce tableau:

Année	Indice de pollution	Poissons morts
1989	2,5	147
1990	2,6	130
1991	8,3	210
1992	3,4	130
1993	1,3	114
1994	3,8	162
1995	11,6	208
1997	6,4	178

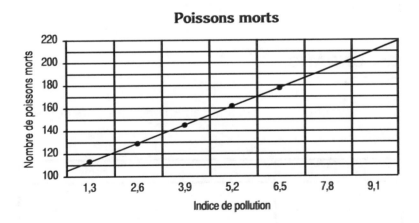

2. À l'aide d'une règle, tracez la droite la mieux ajustée aux points donnés. Placez votre règle de sorte qu'il y ait la même quantité de points en bas et en haut de celle-ci.

3. Combien de poissons mourraient si l'indice de pollution était de 5,0?_____

4. Prédisez le nombre de poissons morts pour un niveau de pollution de 10?_____

5. Quel serait l'indice de pollution s'il y avait 150 poissons morts? _____

EN TRANSIT

1. Quand la température s'élève, la stridulation du criquet s'accélère. Le tableau suivant indique la fréquence de sons par seconde enregistrée pendant quelques jours, au cours de l'été dernier.

Observation	°C	Sons/s	Observation	°C	Sons/s
1	24	14	9	28	17
2	27	15	10	28	17
3	21	15	11	29	17
4	22	16	12	29	18
5	24	16	13	30	18
6	27	16	14	32	20
7	28	16	15	31	20
8	27	17	16	33	20

2. Dessinez un nuage de points en plaçant la température sur l'axe horizontal et la fréquence de la stridulation sur l'axe vertical. Tracez la droite la mieux ajustée aux points du diagramme.

    a)   Combien de sons par seconde y aurait-il si la température était de 26 °C?_____

    b)   Combien de sons par seconde y aurait-il si la température était de 20 °C?_____

    c)   Quelle serait la température moyenne, si vous notiez 16 sons à la seconde?

CORRESPONDANCE

1. Indiquez le contenu énergétique par portion (en kJ) de plusieurs sortes de céréales que l'on sert au petit déjeuner.

Céréales	Quantité servie	Énergie en kJ

2. Dessinez un nuage de points pour inscrire vos données. (Votre professeur vous fournira le papier graphique.)

   a) Qu'avez-vous utilisé comme variable horizontale? _____

   b) Qu'avez-vous utilisé comme variable verticale? _____

3. Avez-vous pu tracer une droite qui s'ajuste assez bien aux données? _____

Pourquoi? _____

_____

RÉVISION

Tentez l'expérience suivante. Il vous faudra un gobelet en papier et quelques pièces de monnaie.

a) Videz le gobelet et comptez les pièces de monnaie qui sont du côté face.

b) Remettez dans le gobelet les pièces qui sont du côté pile et recommencez jusqu'à ce qu'il ne reste qu'une seule pièce.

Nombre d'essais	Nombre de «faces»

c) Tracez un nuage de points à l'aide des données du tableau précédent et dessinez la droite la mieux ajustée possible aux données.

d) Avez-vous pu tracer la droite? _____

e) Pourquoi? _____

_____

UN PAS DE PLUS

Expliquez les raisons pour lesquelles il est parfois préférable d'utiliser un nuage de points plutôt qu'un diagramme à ligne brisée.

_____

_____

10.3 LA MÉDIANE

La *médiane* est la valeur centrale d'un ensemble de données mises en ordre croissant ou décroissant.

Vous aimeriez connaître la hauteur médiane des élèves de votre classe. Demandez-leur de se tenir debout, en ordre de grandeur. L'élève du milieu représente la médiane.

1. Essayez de trouver la médiane avec onze élèves. Numérotez-les, du plus petit au plus grand en commençant par le nombre un.

   a) Quel élève représente la médiane? _____

   b) Répétez l'expérience avec douze élèves.

   c) Comment calculez-vous la médiane?_____

   _____

EN TRANSIT

1. José a cueilli neuf tomates dans son jardin. Il les a pesées et a noté leurs masses en grammes:

144	158	149	154	161	154	149	156	159

   a) Quelle est la masse médiane des tomates? _____
       (Rappelez-vous: il vous faut les placer en ordre croissant.)

   b) Maria, la sœur de José, a apporté une tomate pesant 157 grammes. Quelle est la médiane des dix tomates?

   _____

2. La durée, en minutes, des vingt films au palmarès en 1989 s'établit comme suit:

126	113	90	124	107	97	127	100	106	93
97	102	112	115	145	128	95	106	107	103

   a) Quelle est la durée médiane des films au palmarès? _____

   b) Trouvez la durée, en minutes, des vingt films au palmarès de l'année dernière.

   _____

   c) Quelle est la durée médiane de ces films?_____

CORRESPONDANCE

1. Trouvez la médiane des ensembles de nombres ci-dessous:

a) 15 18 16 21 17 18 14 12 19 11 16

_____

b) 23 25 28 32 32 27

_____

c) 51 54 54 56 58 59

_____

d) 17 23 13 9 35 29 11 29

_____

e) 9 8 7 8 6 9 5 6

2. Jenny a participé à une compétition de patinage artistique. Voici les notes que les sept juges lui ont accordées:

Pointage de Jenny pour le patin artistique		
Juge	Prouesses techniques	Impression artistique
Irène	4,4	4,6
Shana	4,6	4,7
Cherie	4,3	4,8
John	4,5	4,6
Francis	4,6	4,5
Kathy	4,7	4,7
Willy	4,6	4,9

a) Quelle est la médiane du pointage pour les prouesses techniques?

_____

b) Quelle est la médiane du pointage pour l'impression artistique?

_____

RÉVISION

La médiane est aussi appelée «valeur centrale». Expliquez pour quelle raison on peut l'appeler ainsi.

_____

_____

UN PAS DE PLUS

Trouvez une autre façon de calculer la médiane d'un ensemble de données, tel que le diagramme à tiges et à feuilles. Utilisez cette technique pour trouver la médiane d'une série de chiffres, comme les points marqués par des équipes de baseball, etc.

PARTIE 3

PARTIE

CHAPITRE

CHAPITRE 11
NUMÉRATION ET SENS DU NOMBRE

11.1 MULTIPLIER PAR DIXIÈMES, CENTIÈMES ET MILLIÈMES

Attente
- effectuer des opérations arithmétiques avec les nombres naturels et les nombres décimaux selon les limites prévues pour l'année d'étude.

Contenus d'apprentissage
Nombres naturels
- formuler et résoudre, à l'aide de matériel concret, de tables ou de la calculatrice, des problèmes comprenant au moins deux opérations arithmétiques avec les nombres naturels et utiliser diverses techniques pour vérifier la vraisemblance des résultats.

Nombres décimaux
- multiplier et diviser mentalement des nombres décimaux par 0,1, 0,01 et 0,001.
- lire et écrire des nombres décimaux jusqu'aux millièmes de façon symbolique.
- comparer et ordonner des nombres décimaux jusqu'aux millièmes.
- formuler et résoudre, avec ou sans calculatrice, des problèmes comprenant au moins deux opérations arithmétiques avec des nombres décimaux et utiliser diverses techniques pour vérifier la vraisemblance des résultats.
- multiplier et diviser des nombres décimaux jusqu'aux millièmes par un nombre naturel à un chiffre.

La multiplication par une fraction équivaut à une simple division.
Multiplier par un dixième équivaut à diviser par 10.

1. $32 \times \frac{1}{10} = \frac{32}{1} \times \frac{1}{10}$

$= \frac{32 \times 1}{1 \times 10}$

$= \frac{32}{10}$

$= \frac{30 + 2}{10}$

$= 3 + \frac{2}{10}$ ou 3,2   (Pour les dixièmes, la virgule se déplace d'une position vers la gauche.)

2. Essaie $3641 \times \frac{1}{100}$

$\frac{3641 \times 1}{1 \times 100} = \frac{3600 + 41}{100}$

$= 36 + \frac{41}{100}$ ou 36,41   (Pour les centièmes, la virgule se déplace de deux positions vers la gauche.)

3. $\frac{8956}{1} \times \frac{1}{1000} = \frac{8000+956}{1000}$

Il y a 8 milliers complets; les autres chiffres représentent des fractions de 1000.

$\frac{8956}{1000} = 8 + \frac{956}{1000}$ ou 8,956 (Pour les millièmes, la virgule se déplace de trois positions vers la gauche.)

Notez que le nombre de zéros correspond au nombre de déplacements de la virgule.

4. $3,975 \times \frac{1}{100} = 0,039\ 75$ (Pour les centièmes, la virgule se déplace de deux positions vers la gauche.)

 EN TRANSIT

1. Calculez:

a) Multipliez chaque nombre par $\frac{1}{10}$.

    i) 34 _____   *vi)* 0,43 _____

    ii) 707 _____   *vii)* 99,43 _____

    iii) 897,01 _____   *viii)* 2,75 _____

    iv) 8073,7 _____   *ix)* 456,087 _____

    v) 1,75 _____   *x)* ,023 _____

b) Multipliez chaque nombre par $\frac{1}{100}$.

    i) 975 _____   *vi)* 0,765 _____

    ii) 1345 _____   *vii)* 44,7 _____

    iii) 63 637 _____   *viii)* 9,75 _____

    iv) 231,85 _____   *ix)* 0,765 4 _____

    v) 2,89 _____   *x)* 0,057 5 _____

c) Multipliez chaque nombre par $\frac{1}{1000}$.

    i) 9 000 _____   *vi)* 7,857 _____

    ii) 9 672 _____   *vii)* 98,56 _____

    iii) 71 086 _____   *viii)* 320,85 _____

    iv) 905,7 _____   *ix)* 0,504 5 _____

    v) 8 329 652 _____   *x)* 1,060 5 _____

2. Divisez chaque nombre par 100.

    i) 9000 _____   *iii)* 71 086 _____

    ii) 9672 _____   *iv)* 905,7 _____

v) 8 329 652 _____   *viii)* 320,85 _____

vi) 7,857 _____   *ix)* 0,504 5 _____

vii) 98,56 _____   *x)* 1,060 5 _____

3. Divisez chaque nombre par 10.

i) 34 _____   *vi)* 0,43 _____

ii) 707 _____   *vii)* 99,43 _____

iii) 897,01 _____   *viii)* 2,75 _____

iv) 8073,7 _____   *ix)* 456,087 _____

v) 1,75 _____   *x)* 0,023 _____

4. Placez les nombres en ordre croissant.

i) 9000   *vi)* 7,857

ii) 9672   *vii)* 98,56

iii) 71 086   *viii)* 320,85

iv) 905,7   *ix)* 0,504

v) 832 965   *x)* 1,060

---

5. Placez les nombres en ordre décroissant.

i) 34   *vi)* 0,43

ii) 707   *vii)* 99,43

iii) 897,01   *viii)* 2,75

iv) 8073,7   *ix)* 456,087

v) 1,75   *x)* 0,023

---

6. Suite à la multiplication du nombre par $\frac{1}{100}$, placez les réponses en ordre décroissant. L'ordre est-il différent de celui de la question n° 5?

i) 34   *vi)* 0,43

ii) 707   *vii)* 99,43

iii) 897,01   *viii)* 2,75

iv) 8073,7   *ix)* 456,087

v) 1,75   *x)* 0,023

CORRESPONDANCE

1. Complétez le tableau en spécifiant l'opération appliquée. La première a été solutionnée pour vous servir d'exemple.

Nombre original	Nouveau nombre	Devenu plus grand ou plus petit	Par quel facteur	Opération appliquée	Commentaires
31,589	**3158,9**	Plus grand >	100	Multiplication	Petit à grand
153,75	1,537 5				
376,215	37 621,5				
7,62	0,076 2				
115,325	1153,25				
77,689	0,776 89				
14,75	1475				
21	21 000				
236	2360				
17,62	0,176 2				
3278	327,8				
15 625,479	156,254 79				
37,45	37 450,0				
12	0,12				
99,75	9,975				
12,896 5	1289,65				
36 925,874	369,258 74				
987,123	9,871 23				
49 162,57	491,625 7				

2. À partir du tableau de la page précédente, écrivez l'égalité qui a permis au nombre original d'égaler le nouveau nombre.

EXEMPLES:

$3158,96 \div 100 = 31,589\,6$

$5978,265 \times 1000 = 5\,978\,265$

Nombre original	Égalité	Nouveau nombre
31,589		3158,9
153,75		1,537 5
376,215		37 621,5
7,62		0,076 2
115,325		1153,25
77,689		0,776 89
14,75		1475
21		21 000
236		2360
17,62		0,176 2
3278		327,8
15 625,479		156,254 79
37,45		37 450,0
12		0,12
99,75		9,975
12,896 5		1289,65
36 925,874		369,258 74
987,123		9,871 23
49 162,57		491,625 7
4 781 256		47 812,56
4568,2		45,682
473 625		4736,25

3. Complétez le tableau en convertissant les nombres décimaux en fractions et en pourcentages.

Nombres décimaux	Fractions ayant 10, 100 ou 1000 comme dénominateurs			Fraction équivalente réduite	Pourcentages (%)
0,5	$\frac{5}{10}$	$\frac{50}{100}$	$\frac{500}{1000}$	$\frac{1}{2}$	50 %
0,875					
0,34					
0,005					
0,625					
0,333					
0,25					
0,01					
0,4					
0,325					
0,8					
0,525					
0,6					
0,125					
1,25					
12,5					

Dans votre journal de mathématiques, commentez les énoncés qui suivent:

a) Multiplier par $\frac{1}{10}$ et diviser par 10.

b) Déplacer la virgule d'une position vers la gauche et diviser par 10.

c) Multiplier par $\frac{1}{100}$ et diviser par 100.

d) Déplacer la virgule de deux positions vers la gauche et diviser par 100.

e) Multiplier par $\frac{1}{1000}$ et diviser par 1000.

f) Déplacer la virgule de trois positions vers la gauche et diviser par 1000.

g) Est-ce que déplacer la virgule de trois positions vers la gauche équivaut à multiplier par 1000?

EN TRANSIT

1. Extrait du *National Post*

Les pensionnaires du centre canin «Aboie avec moi», situé au centre-ville de Vancouver, prennent leur marche quotidienne. Les employés prennent soin de 15 à 20 chiens par jour. La pension coûte 20 $ par jour. Combien d'argent reçoit le centre canin:

a) par jour?

b) par semaine (5 jours)?

c) par mois (20 jours)?

2. a) Un jardinier plante des belles de jour le long d'une clôture. La clôture mesure 35 mètres de longueur. Les plants seront espacés de 15 cm. Combien lui faudra-t-il de plants?

b) Le jardinier décide d'utiliser des graines pour planter ses belles de jour. Or, il sait, d'après son expérience, que 15 % des graines ne germent pas. Combien lui faudra-t-il de graines?

c) Les plates-bandes du jardinier contiennent deux douzaines de plants. Combien lui faudra-t-il de plates-bandes pour combler le pourtour de la clôture?

CORRESPONDANCE

1. M. Gauthier construit des tabourets à trois pattes et des tables à 4 pattes. Avec 72 pattes, il construit 3 tabourets de plus que de tables. Combien de tabourets et combien de tables a-t-il construit?

2. Simon a obtenu un nouvel emploi. Son patron lui présente deux choix pour son salaire.

1er choix: commencer à 30 000 $ et obtenir une augmentation de 5 % à la fin de chaque année.

2e choix: commencer à 23 000 $ et obtenir une hausse de 5 000 $ à la fin de chaque année.

Selon les deux choix, quel salaire toucherait Simon au début de sa 5e année. Quel est le meilleur choix? Expliquez.

3. Les forêts tropicales ne couvrent qu'une petite partie de la Terre, mais elles sont l'habitat de plus de la moitié des animaux et des plantes de la Terre. On estime que les forêts tropicales sont détruites à raison de 100 arbres par minute. Combien d'arbres sont détruits en 24 heures? à chaque semaine? Montrez vos calculs.

RÉVISION

1. Comptez le nombre et/ou le genre de pièces musicales jouées par une station radiophonique présentant tous les styles de musique. Notez la durée de chacune des pièces présentées. Faites un tableau pour illustrer vos observations.

2. Julie, l'animatrice locale, doit présenter des pièces d'une durée de 3:37 et de 2:25 minutes. Il est 10:52:31. Elle doit insérer une pause publicitaire de 1:36 minutes avant les informations de 11:00:00.

Devra-t-elle éliminer une pièce, rejouer une pièce ou parler quelques minutes? Expliquez.

Julie a planifié 3:37 + 2:25 + 1:36 = 7:38 minutes.

UN PAS DE PLUS

Extraits des «*Informations monétaires*»

a) Le dollar canadien a connu des hausses et des baisses au mois de mars. Il valait, à son plus haut niveau, 66,56 $US et, à son plus bas niveau, 65,33 $US. Quel est le pourcentage de fluctuation du dollar canadien?

b) Voici le taux hypothécaire offert par la plupart des banques:
– Hypothèque de 1 an: 6,45 %
– Hypothèque de 5 ans: 6,95 %

La Banque du Canada offre un taux préférentiel à 5 %.
Quel serait le coût annuel de l'hypothèque, à chacun des taux, pour une maison d'une valeur de 120 000 $?

La banque prêteuse emprunte de la Banque du Canada. Quel est son profit annuel?
[Intérêt = capital × taux (%) × temps (période composée)]

c) Observez les données suivantes concernant le taux de chômage au Canada.

	Taux de chômage	Nombre de personnes sans emploi	Nombre de personnes employées
* Mars 1999	7,8 %	1 246 400	14 849 000
* Février 1999	7,9 %	1 256 400	14 626 000
* Mars 1998	8,6 %	1 338 100	14 177 000

Comparez les deux groupes de la population et vérifiez les pourcentages indiqués.

d) Trouvez la population totale du Canada et calculez le nombre de personnes exclues du marché du travail (retraités, ménagères, fermiers, etc.)

_____

_____

_____

_____

_____

CHAPITRE 12
MESURE

Attente
- déterminer le volume de prismes droits à base rectangulaire.

Contenus d'apprentissage

Masse, volume et capacité
- effectuer des conversions entre des unités de masse (ex.: mg, g, kg et t).
- déterminer, à l'aide de matériel concret, la formule de calcul du volume de prismes droits à base rectangulaire.
- estimer et calculer le volume des prismes droits à base rectangulaire.
- effectuer des conversions entre des unités de capacité (ex.: 5000 ml = 5 l).
- expliquer la différence entre 1 cm, 1 cm^2 et 1 cm^3.

Le *volume* est la mesure de l'espace occupé par un solide. Le volume se mesure en *unités cubiques.*

Le volume de ce cube est d'une unité cubique: 1 U^3.

Le volume de ce solide est de trois unités cubiques: 3 U^3.

EN TRANSIT

1. Trouvez le volume des formes suivantes en unités cubiques.

a)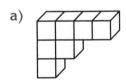

b)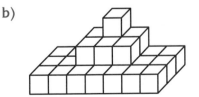

c)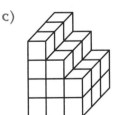

---

2. Trouvez le volume des prismes rectangulaires suivants.

a)

b)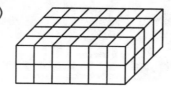

c)

_____   _____   _____

d)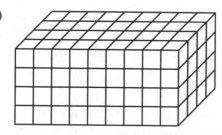

_____

3. Notez les dimensions des prismes rectangulaires de la question n° 2 dans le tableau ci-dessous.

PRISME	LONGUEUR	LARGEUR	HAUTEUR	VOLUME
A				
B				
C				
D				

4. En vous basant sur les informations figurant au tableau, décrivez la relation entre les trois dimensions et le volume d'un prisme rectangulaire.

_____

5. Créez une formule pour connaître le volume de tout prisme.

Voici ma formule:_____

Pour calculer le volume de tout prisme rectangulaire, il faut multiplier la longueur par la largeur et la hauteur: $V = L \times l \times H$.

EXEMPLE:

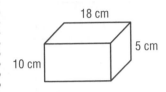

SOLUTION:

L = 18 cm
l = 10 cm
H = 5 cm
$V = L \times l \times H$
$V = 18 \times 10 \times 5$
V = 900 centimètres cubiques

On calcule le volume de certains prismes en les divisant en deux ou plusieurs régions. On trouve le volume de chaque région et on les additionne pour connaître le volume total.

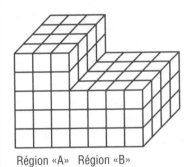

Région «A»   Région «B»

SOLUTION:

Divisez la forme en deux prismes rectangulaires

Région «A»: L = 3   l = 4   H = 5
   $V = 3 \times 4 \times 5$
   V = 60 cm cube

Région «B»: L = 4   l = 4   H = 3
   $V = 4 \times 4 \times 3$
   V = 48 cm cube

VOLUME total: 60 + 48 = 108 cm cube

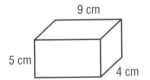

EN TRANSIT

Trouvez le volume des prismes rectangulaires suivants.

a)

9 cm
5 cm
4 cm

b)

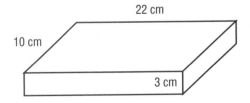

22 cm
10 cm
3 cm

c)

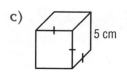
5 cm

d)

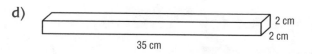
2 cm
2 cm
35 cm

e)

7 cm
9 cm
3 cm
11 cm
4 cm

f)

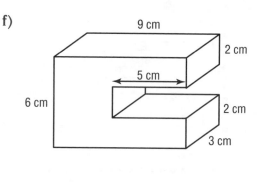
9 cm
2 cm
5 cm
6 cm
2 cm
3 cm

CORRESPONDANCE

1. Vos parents installent une piscine dans la cour arrière de la maison. Cette piscine mesure 12 mètres de longueur, 6 mètres de largeur et 2 mètres de profondeur.

a) Combien faudra-t-il retirer de terre pour installer cette piscine?

Vous pouvez faire un schéma pour vous aider.

b) Vous remplissez votre piscine à 1,75 mètre de hauteur. Quel sera le volume d'eau contenu dans la piscine lorsque celle-ci sera remplie à la hauteur désirée?

2. Vous avez déblayé la neige de l'entrée de garage de votre voisin. L'entrée mesure 14 mètres de longueur par 5 mètres de largeur. Il est tombé 15 cm de neige. Combien de mètre cube de neige avez-vous enlevé?

UN PAS DE PLUS

Le schéma ci-dessous représente le site d'une fouille archéologique.

Quelle en est l'aire? _____

Quel volume de terre a été retiré? _____

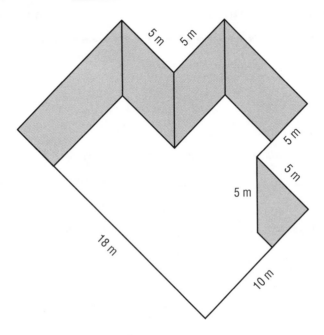

12.3 QU'EST-CE QUE LA CAPACITÉ?

- La **capacité** est la mesure de la quantité maximale qu'un contenant peut garder. C'est aussi le volume de liquide (ou de matériau) pouvant être vidé du contenant.
- On mesure habituellement la capacité en litres et en millilitres: 1 l = 1000 ml.

EN TRANSIT

1. Quelle est la meilleure unité (litres ou millilitres) pour mesurer les capacités suivantes?

i) un verre _____   *ii)* le réservoir d'essence d'une voiture ____

iii) un contenant de peinture _____   *iv)* un tube de pâte dentifrice _____

v) un compte-gouttes _____   *vi)* une canette de boisson gazeuse _____

vii) une piscine _____   *viii)* correcteur liquide _____

ix) une baignoire _____   *x)* un bol de soupe _____

2. Complétez les équivalences.

i) 4500 ml = _____ l   *ii)* 6 l = _____ ml

iii) 3,8 ml = _____ l   *iv)* 0,3 l = _____ ml

v) 1300 ml = _____ l   *vi)* 4510 ml = _____ l

vii) 600 ml = _____ l   *viii)* 0,009 l = _____ ml

ix) 19 ml = _____ l   *x)* 45 ml = _____ l

xi) 4800 ml = _____ l   *xii)* 0,45 l = _____ ml

xiii) 0,03 l = _____ ml   *xiv)* 0,005 l = _____ ml

12.4   VOLUME ET CAPACITÉ

Le *volume* et la *capacité* mesurent la quantité de matériau que peut contenir un objet.

$$1 \text{ cm}^3 = 1 \text{ ml ou } 1000 \text{ cm}^3 = 1 \text{ litre}$$

EN TRANSIT

1. Combien faut-il de millilitres pour remplir les contenants suivants?

i) 300 cm³ = _____ ml   *ii)* 2800 cm³ = _____ ml

iii) 32 cm³ = _____ ml   *iv)* 9500 cm³ = _____ ml

v) 3 cm³ = _____ ml   *vi)* 4300 cm³ = _____ ml

2. Combien faut-il de litres pour remplir les contenants suivants?

i) 3500 cm³ = _____ l   *ii)* 4000 cm³ = _____ l

iii) 500 cm³ = _____ l   *iv)* 320 cm³ = _____ l

v) 3 cm³ = _____ l   *vi)* 40 cm³ = _____ l

3. Quel est le volume du contenant ayant cette capacité?

i) 2,4 l = _____ cm³   *ii)* 500 ml = _____ cm³

iii) 0,46 l = _____ cm³   *iv)* 70 ml = _____ cm³

v) 8,5 l = _____ cm³   *vi)* 4300 ml = _____ cm³

4. Quelle est la capacité du contenant ayant ce volume?

i) 2300 cm³ = _____ l   *ii)* 87 cm³ = _____ l

iii) 465 cm³ = _____ l   *iv)* 8550 cm³ = _____ l

v) 5 cm³ = _____ l   *vi)* 51 cm³ = _____ l

CORRESPONDANCE

1. Joël désire peindre la clôture de sa cour. Il lui reste, dans le garage, 5 contenants de peinture qui contiennent, chacun, 500 ml de peinture. Il lui faut 5 litres pour couvrir la clôture. A-t-il suffisamment de peinture?

S'il n'en a pas suffisamment, combien lui en manquera-t-il?

2. Robert et Laura se sont acheté chacun une voiture. Le moteur de la voiture de Robert a une capacité de 1,5 l alors que celui de Laura en a une de 1350 cm³. Quelle voiture a le plus gros moteur? De combien de plus?

3. Un moule à briques rectangulaire mesure 110 mm par 80 mm par 50 mm. De quel volume sera une brique faite dans ce moule? Quelle est la capacité du moule?

Volume: _____

Capacité: _____

RÉVISION

Dans votre journal de mathématiques, expliquez la différence entre cm, cm² et cm³.

UN PAS DE PLUS

1. Max a acheté un aquarium et deux piranhas. L'aquarium mesure 30 cm par 20 cm. Max y verse trois litres d'eau. Quelle hauteur l'eau atteindra-t-elle? Répondez à cette question à l'aide d'un schéma et de vos connaissances sur la relation entre le volume et la capacité.

2. Max possède aussi un terrarium d'une capacité de 30 litres. Donnez cinq dimensions possibles de terrarium. Choisissez celles qui vous semblent les plus plausibles. Justifiez votre choix.

12.5 QU'EST-CE QUE LA MASSE?

- La *masse* est la quantité de matière d'un corps.
- Elle se mesure normalement en grammes.

  1000 mg (milligrammes) = 1 gramme   1000 g = 1 kg (kilogramme)

EN TRANSIT

1. Quelle unité de mesure est la meilleure (grammes ou kilogrammes) pour mesurer:

   i) un garçon de sixième année? _____   *ii)* une pomme? _____

  iii) une carotte? _____   *iv)* une casquette de baseball? _____

   v) un appareil de télévision? _____   *vi)* un crayon? _____

2. Complétez les équivalences suivantes:

   i) 4500 g = _____ kg   *ii)* 7600 g = _____ kg

  iii) 550 g = _____ kg   *iv)* 0,3 kg = _____ g

   v) 5 kg = _____ g   *vi)* 1,2 kg = _____ g

 vii) 8,8 kg = _____ g   *viii)* 750 g = _____ kg

3. Déterminez si ces énoncés sont vrais ou faux.

   a) Un dix sous a une masse de 0,5 kg. _____

   b) Une pomme a une masse de 100 g. _____

   c) Un trombone a une masse de 100 g. _____

   d) Une fille de sixième année a une masse de 100 g. _____

   e) Une petite grappe de raisins a une masse de 100 g. _____

13.1 SYSTÈME CARTÉSIEN

Attentes

- effectuer successivement deux transformations d'une figure donnée.
- situer des points dans le plan cartésien.

Contenus d'apprentissage

Transformations

- tracer l'image d'une figure obtenue suite à deux transformations successives.
- tracer l'image d'une figure obtenue par rotation d'un quart de tour, d'un demi-tour ou de trois quarts de tour sur du papier quadrillé ou à points lorsque le centre de rotation se trouve à l'extérieur de la figure.
- utiliser la rotation (un quart de tour, un demi-tour et trois quarts de tour) pour générer un dallage ayant un motif.
- identifier les coordonnées de points situés dans le plan cartésien.
- créer une figure quelconque dans le plan cartésien et la décrire à l'aide d'une liste de coordonnées.

Vous souvenez-vous de la droite numérique? La droite numérique permet de localiser un nombre à un endroit précis, tel que 1, 5, ou –3 sur la droite illustrée ci-dessous. Chaque nombre indique une position horizontale sur la droite.

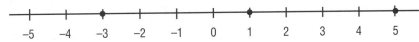

Ajoutons à notre schéma une deuxième droite numérique, perpendiculaire à la première. Plaçons-la de façon à ce que les zéros des deux droites se recoupent. Cette droite indiquera la position verticale des variables. Ces deux droites (l'horizontale et la verticale) permettent d'indiquer un emplacement sur une surface plane, tel un graphique. La droite horizontale s'appelle l'*axe des x*, et la droite verticale, l'*axe des y*. Leur point d'intersection s'appelle le *point d'origine.*

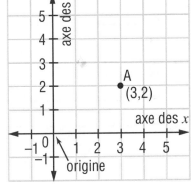

Pour préciser la position du point A sur le graphique ci-contre, on peut dire: «En partant du point d'origine, déplacez-vous horizontalement vers la droite de 3 unités et ensuite verticalement de 2 unités.» Mais, cette manière n'est pas très commode.

Nous pouvons, en effet, donner ces directives sous la forme d'une *paire ordonnée* (3, 2). Les nombres qui composent la *paire ordonnée* s'appellent les *coordonnées du point*. Ce sont eux qui indiquent l'emplacement du point par rapport au point d'origine. Le mot *ordonnée*, dans «paire ordonnée», signifie que les nombres sont donnés dans un ordre spécifique.

Si la première coordonnée représente la position horizontale et la deuxième la position verticale, alors, (3, 2) signifie 3 unités vers la droite, (à partir du point d'origine sur l'axe horizontal) et 2 unités vers le haut (sur l'axe vertical).

Pour l'exercice qui suit, il vous faudra deux dés de différents formats ou couleurs. Un dé représentera la coordonnée x, horizontale, et l'autre dé la coordonnée y, verticale. Lancez les dés cinq fois et notez les paires ordonnées que vous obtenez (rappelez-vous d'écrire la coordonnée x, (horizontale), d'abord). Si vous obtenez le même nombre, lancez à nouveau. Placez les points représentés par les paires ordonnées sur le plan coordonné à droite et identifiez vos points.

Paires ordonnées:

EXEMPLE: A (5, 2) **1.** _____

2. _____

3. _____

4. _____

5. _____

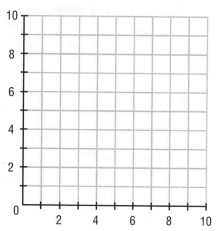

 EN TRANSIT

1. Placez et identifiez les points sur le graphique de droite.

A (3, 9)	B (7, 1)
C (1, 4)	D (4, 7)
E (9, 2)	F (3, 2)
G (8, 10)	H (5, 5)
I (0, 7)	J (9, 6)

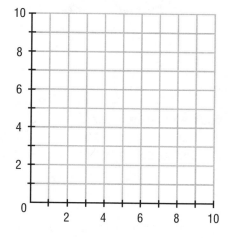

2. Écrivez les paires ordonnées correspondant aux lettres suivantes sur le graphique.

K _____	L _____
M _____	N _____
O _____	P _____
Q _____	R _____
S _____	T _____

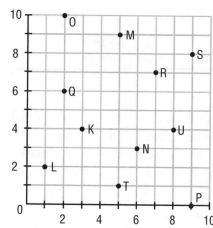

3. Placez et identifiez ces points.

a) Trois des points sont sur une même droite.

Tracez la droite à l'aide de la règle.

Quel point n'est pas sur la droite?

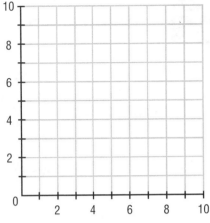

_____

b) Marquez et identifiez deux autres points, U et V, qui sont sur la droite. Écrivez leurs coordonnées ci-dessous.

_____

c) Écrivez les coordonnées de tous les points apparaissant sur la droite dans leur ordre d'apparition sur le graphique, en allant de gauche à droite.

_____

d) Comment les coordonnées de x et de y sont-elles liées les unes aux autres?

_____

_____

4. Pour chacun des quadrilatères ci-dessous, localisez les sommets donnés et trouvez l'emplacement du quatrième sommet. Indiquez les coordonnées du quatrième sommet.

a) Carré: (2, 3), (6, 7) et (2, 7)

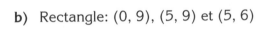

b) Rectangle: (0, 9), (5, 9) et (5, 6)

_____

c) Carré: (6, 2), (8, 4) et (10, 2)

_____

d) Rectangle: (3, 7), (8, 7) et (7, 5)

_____

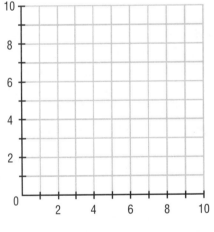

e) Parallélogramme: (5, 5), (3, 7) et (8, 6). Donnez deux exemples de paires ordonnées.

_____ et _____

_____

À l'aide d'une règle, dessinez la translation du triangle dans le schéma ci-contre.

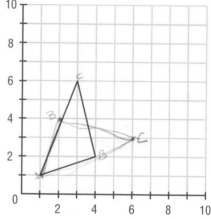

a) Quelles sont les coordonnées des trois sommets du triangle original?

b) Quelles sont les coordonnées des trois sommets de l'image translatée?

_____

c) Observez les coordonnées x et y des sommets de l'image transformée, et comparez-les aux coordonnées des sommets du triangle original.

Quelle est la relation?

_____

13.1.1 LE SYSTÈME COORDONNÉ DE LA TERRE

Pour cette section, utilisez une carte géographique indiquant des coordonnées en degrés. Utilisez une carte du Canada car nos questions sont basées sur cette dernière.

La Terre étant sphérique, et les cartes étant planes, il faut utiliser un système particulier pour indiquer sur la carte les points de la Terre. Pour ce faire, on utilise un système spécial de coordonnées. L'axe vertical de ce système de coordonnées consiste en une droite imaginaire passant du pôle Nord au pôle Sud, en traversant Greenwich en Angleterre. Cette droite s'appelle le *méridien d'origine*. L'autre axe de la Terre s'appelle l'*équateur*. Le point d'origine est celui où le méridien d'origine croise l'équateur.

Les points sont placés par paires coordonnées appelées *longitude* et *latitude*.

La première coordonnée est la longitude. C'est la distance angulaire d'un point par rapport au méridien d'origine, mesurée en degrés. Sa valeur varie de –180°, soit 180° Ouest, à +180°, soit 180° Est. Le total est 360°, soit la circonférence complète de la Terre.

La deuxième coordonnée est la latitude. C'est la distance angulaire d'un point par rapport à l'équateur, mesurée en degrés. Sa valeur varie de –90°, soit 90° Sud, à +90°, soit 90° Nord.

Au Canada, les longitudes sont Ouest et les latitudes sont Nord. La ville d'Ottawa, en Ontario, est située près de (76° O, 45° N). Notez que les degrés de longitude augmentent vers la gauche.

Répondez aux questions suivantes en utilisant une carte du Canada.

1. Trouvez la ville située près des emplacements indiquées par les coordonnées suivantes. Spécifiez dans quelle province ou territoire ces villes sont situées? Dans certains cas, vous évaluerez la distance entre les droites puisque la distance est de 5°.

Emplacement	Nom de la ville	Province ou territoire
(60° O, 55° N)		
(100° O, 50° N)		
(65° O, 45° N)		
(95° O, 55° N)		
(115° O, 50° N)		
(135° O, 61° N)		
(65° O, 46° N)		
(119° O, 50° N)		
(55° O, 49° N)		
(107° O, 52° N)		

2. Trouvez la capitale de chacune des dix provinces, et la paire ordonnée permettant de les localiser. Essayez de donner les valeurs au degré près.

Province	Nom de la ville	Emplacement
Terre-Neuve et Labrador		
Nouvelle-Écosse		
Nouveau-Brunswick		
Île-du-Prince-Édouard		
Québec		
Ontario		
Manitoba		
Saskatchewan		
Alberta		
Colombie-Britannique		

RÉVISION

1. Dans votre journal de mathématiques, faites le schéma d'un plan cartésien semblable à celui-ci et utilisez-le pour expliquer les termes suivants.

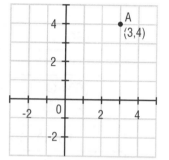

a) Axe des x _____

b) Axe des y _____

c) Point d'origine _____

d) Coordonnée des x _____

e) Coordonnée des y _____

f) Paire ordonnée _____

2. Expliquez comment utiliser une paire ordonnée pour trouver l'emplacement d'un point sur le graphique. Assurez-vous d'employer les termes mentionnés à la question n° 1 dans votre réponse.

3. Expliquez en vos propres mots pourquoi il est important de bien comprendre l'utilisation du système de coordonnées.

UN PAS DE PLUS

1. **a)** Trouvez cinq paires de coordonnées dont la somme est égale à 9. Exemple: (3, 6).

_____   _____   _____

_____   _____   _____

Placez ces coordonnées points sur le plan cartésien ci-contre et joignez-les par ligne droite.

b) Trouvez cinq paires de coordonnées qui respectent la règle suivante: la coordonnée y (verticale) moins la coordonnée x (horizontale) donne 1. Exemple: (8, 9).

Placez ces coordonnées sur le même plan, mais utilisez un crayon d'une couleur différente. Joignez les points par une ligne droite.

c) Quelles sont les coordonnées du point où les deux droites se croisent?

_____

d) Que pouvez-vous conclure de ce résultat?

_____

_____

2. Dessinez un triangle dont les sommets sont (1, 2), (4, 2) et (2, 5). Doublez les nombres de chaque coordonnée afin d'obtenir un nouvel ensemble de coordonnées. Dessinez un triangle dont les sommets correspondent à ces nouvelles coordonnées. Décrivez la transformation reliant ces deux triangles.

Les coordonnées du nouveau triangle sont:

(2, 4)   (8, 4)   (4, 10)

La transformation est:

> Toute action sur une figure qui a pour effet de produire une figure congrue ou semblable est appelée une **transformation** de la figure. Cela inclut les *translations* (glisser), les *rotations* (tourner dans le plan), les *réflexions* (image miroir relativement à un axe de symétrie) et les *homothéties* ou *dilatations* (réductions ou agrandissements).

1. a) Donnez les mesures des angles du triangle original, en suivant le sens des aiguilles d'une horloge.

90°, _____ et _____ .

b) Donnez les mesures des angles de l'image, du triangle en suivant le sens des aiguilles.

90°, _____ et _____ .

2. a) Donnez les mesures des angles du triangle original, en suivant le sens des aiguilles.

90°, _____ et _____ .

b) Donnez les mesures des angles de l'image du triangle en suivant le sens des aiguilles.

90°, _____ et _____ .

c) Donnez les mesures des angles de l'image du triangle en suivant le sens contraire des aiguilles.

90°, _____ et _____ .

3. Consultez vos réponses aux questions 1 a) et 2 b). Qu'est-ce qui est identique au sujet de ces deux images? Qu'est-ce qui est différent?

_____

_____

_____

4. Quelle transformation a comme résultat une image renversée? Est-ce la seule transformation à avoir cette particularité?

_____

5. Complétez les phrases en utilisant les mots suivants: *translation, homothétie, rotation, réflexion* et *similaire.*

a) Trois des quatre transformations produisent toujours une image congrue. Celle qui ne le fait pas est une _____. L'image produite par cette transformation est _____ à la figure originale.

b) La transformation dont le résultat est une image congrue, d'orientation et de sens identiques à la figure originale, s'appelle _____ .

c) La transformation dont le résultat est une image congrue, d'orientation différente mais de sens identique à la figure originale, s'appelle _____ .

EXEMPLE 1

ROTATION

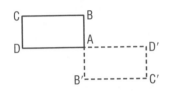

• Rotation autour d'un point sur la figure.

A B′ C′ D′ est l'image de rotation du rectangle ABCD autour du point A dans la direction des aiguilles d'une horloge. ABCD a fait $\frac{1}{2}$ tour.

• Une rotation peut se faire autour d'un point extérieur à la figure.

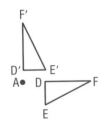

D′ E′ F′ est l'image de rotation du triangle DEF autour du point A dans le sens contraire des aiguilles.

d) La transformation dont le résultat est une image congrue, de sens opposé à la figure originale, s'appelle _____ .

Les questions suivantes impliqueront plus d'une transformation. Il est important d'observer tout changement au niveau de la grandeur, de la position, de l'orientation et du sens à chaque étape du procédé.

1. Le triangle de droite a subi deux translations: la première (3D, 2B) et la deuxième (1D, 5H). Dessinez les images translatées. Quelle transformation unique donnerait directement le même résultat?

_____

Quelles propriétés restent inchangées dans ces transformations?

_____

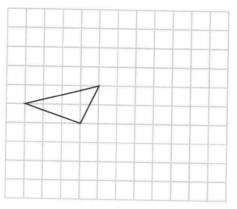

2. Le schéma de droite montre un triangle et son image (ombragée). Quelle est la transformation dont le résultat est cette image?

_____

Nommez deux translations dont le résultat donnerait la même image finale. Dessinez le triangle après la première translation.

_____

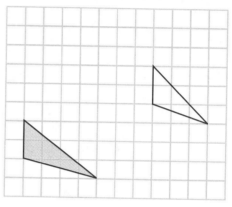

3. Renversez l'ordre des deux translations de la question 2. Dessinez les images intermédiaire et finale sur le graphique de droite. L'ordre suivi pour appliquer les translations est-il important?

_____

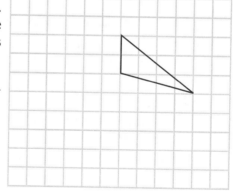

4. Tournez le quadrilatère sur l'axe 1, ensuite tournez l'image sur l'axe 2. Comparez le sens des deux images au quadrilatère original. Qu'observez-vous?

Tournez le quadrilatère sur l'axe 2, ensuite tournez l'image sur l'axe 1. Qu'observez-vous?

_____

Avec quelle transformation le quadrilatère original sera-t-il le même que celui de l'image finale?

_____

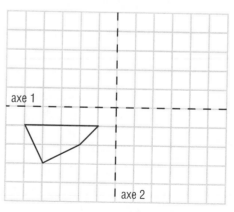

5. Précisez une rotation (dans le sens des aiguilles) subie par les figures suivantes.

a)

A

b)

A

_____ _____

6. Dessinez les rotations autour des points des figures suivantes, dans le sens horaire.

a) $90°$ $\left(\dfrac{1}{4} \text{ de tour}\right)$ et $180°$ $\left(\dfrac{1}{2} \text{ de tour}\right)$:

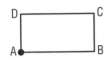

b) $\left(\dfrac{1}{4} \text{ de tour}\right)$:

c) $\left(\dfrac{3}{4} \text{ de tour}\right)$:

7. Tournez le triangle sur l'axe 1, ensuite tournez l'image sur l'axe 2. Y a-t-il une transformation du quadrilatère original dont le résultat serait la même image finale?

_____

_____

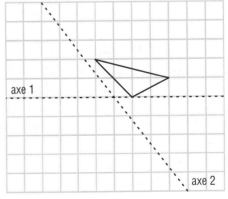

8. Tournez le triangle sur l'axe 2, ensuite tournez l'image sur l'axe 1. Comparez l'image finale à celle de la question n° 5, où les réflexions étaient faites dans l'ordre inverse. Est-ce que l'ordre des réflexions affecte l'image finale?

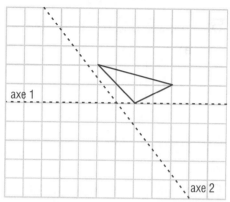

_____

9. Décrivez deux réflexions qui, faites séquentiellement, produiront la même image finale. Dessinez l'image consécutive à la première réflexion.
(N'oubliez pas de tracer les axes de réflexion.)

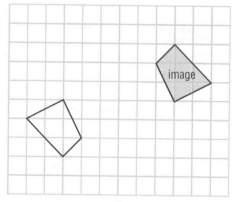

_____

10. Dessinez l'image du triangle suite à une rotation de 90°, dans le sens horaire, autour du point A.

Cette image est translatée (4D, 2H).

Dessinez l'image finale. Existe-t-il une transformation qui permettrait d'obtenir la même image finale?

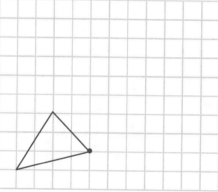

_____

_____

11. **a)** Dessinez l'image du triangle suite à une rotation de 90° dans le sens contraire des aiguilles autour du point indiqué et à une translation (2G, 2B).

b) Utilisez une couleur différente pour dessiner le triangle après la translation (2G, 2B) et la rotation de 90° dans le sens contraire des aiguilles autour du point indiqué.

c) Est-ce que les deux images obtenues suite aux deux mêmes transformations effectuées en sens inverse sont les mêmes? En quoi sont-elles différentes?

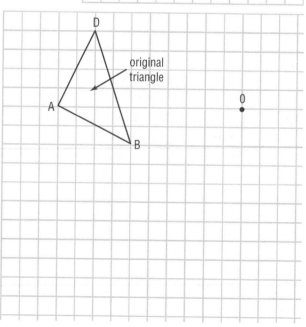

_____

_____

d) Quelle est la transformation de l'image finale en a) dont le résultat sera la même image que celle obtenue en b).

_____

12. a) Ce quadrilatère subit une rotation de 90° dans le sens contraire des aiguilles autour du point indiqué, et il sera réfléchi par l'axe m indiqué. Dessinez le résultat final.

   b) Le quadrilatère et l'image finale tracée en a) sont-ils de même sens ou de sens opposé?

_____

   c) Identifiez une autre paire de transformations dont le résultat donnera la même image finale.

_____

_____

_____

   d) Pouvez-vous identifier un autre ensemble de deux transformations ou plus n'incluant aucune réflexion, et dont le résultat sera la même image finale.

_____

_____

13. Identifier une paire de transformations qui, appliquées séquentiellement, donneront l'image finale ombragée.

_____

_____

14. Identifiez une paire de transformations qui, appliquées séquentiellement, donneront l'image finale ombragée.

_____

_____

CORRESPONDANCE

1. À partir de la figure ombragée, pouvez-vous réaliser ce patron de tuiles en utilisant les transformations suivantes:

a) Translation?

_____

_____

b) Réflexion?

_____

_____

c) Rotation _____

_____

d) Translation et réflexion _____

e) Translation et rotation _____

f) Réflexion et rotation _____

2. Choisissez une forme pour votre patron de tuiles. Faites un dallage à partir de la forme choisie. Écrivez les directives pour faire le dallage en utilisant des termes de transformation. On peut utiliser des rotations pour créer des dallages à motif.

EXEMPLE 1    EXEMPLE 2

 RÉVISION

1. Chacune des quatre transformations a une propriété unique liant l'image obtenue à l'objet original qu'elle ne partage avec aucune autre. Expliquez en vos propres mots, pour chacune d'elles, ce qui la rend unique comparativement aux autres.

_____

_____

_____

_____

_____

_____

_____

_____

2. Donnez trois exemples où il est possible de remplacer une séquence de deux transformations par une seule transformation. Illustrez vos réponses par des schémas.

3. Donnez deux exemples de transformations séquentielles qui donnent la même image en dépit de l'ordre dans lequel elles sont exécutées. Illustrez vos réponses par des schémas.

4. Donnez deux exemples de transformations séquentielles qui donnent des images finales différentes selon l'ordre dans lequel elles sont exécutées. Illustrez vos réponses par des schémas.

Un triangle a des sommets à (2, 1), (4, 1) et (4, 5).

a) Tracez ce triangle sur le graphique ci-contre.

b) Dessinez l'image du triangle suite à sa réflexion sur l'axe des y. Quelles sont les coordonnées des sommets de l'image?

_____

c) Réfléchissez l'image obtenue en b) sur l'axe des x. Quelles sont les coordonnées des sommets de l'image?

_____

d) Réfléchissez le triangle original sur l'axe des x. Quelles sont les coordonnées des sommets de l'image?

_____

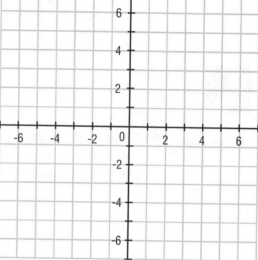

e) Réfléchissez l'image obtenue en d) sur l'axe des y. Quelles sont les coordonnées des sommets de l'image?

_____

f) Comparez les coordonnées des sommets correspondants de l'image en b) à ceux de l'objet original; à ceux de l'image en e); à ceux d'avant la réflexion sur l'axe des x en d). Quel effet obtient-on sur les coordonnées d'un point (sommets) suite à la réflexion sur l'axe des y?

_____

g) Comparez les coordonnées des sommets correspondants de l'image en b) à ceux de l'objet original; à ceux de l'image en c); à ceux d'avant la réflexion sur l'axe des x en b). Quel effet obtient-on sur les coordonnées d'un point (sommets) suite à la réflexion sur l'axe des x?

_____

CHAPITRE 14
MODÉLISATION ET ALGÈBRE

14.1 MANIPULER LES ÉQUATIONS

Attentes

- faire des prédictions à partir de l'observation de régularités dans des données.
- déterminer la valeur de l'inconnue dans une formule.

Contenus d'apprentissage

Régularités

- poser et résoudre des problèmes complexes en utilisant des stratégies fondées sur des régularités.

Concepts algébriques

- utiliser une lettre pour représenter une inconnue dans une équation.
- résoudre, par inspection ou par essais systématiques, une équation comportant une seule opération et indiquer la réponse à l'aide d'un énoncé mathématique.
- substituer des valeurs dans une formule et déterminer, par inspection ou par essais systématiques, la valeur de l'inconnue.

RECONNAÎTRE LES RÉGULARITÉS ■ ■ ■ ▬ ▬ ▬ ▬ ▬ ▬ ■

Le garçon qui étonna son professeur

Carl Friedrich Gauss, un mathématicien du XVIIIe siècle, était, dit-on, un élève exceptionnel dans son enfance. On raconte souvent cette histoire à son sujet.

Un des professeurs était plutôt paresseux. Il donnait à ses étudiants de très longues additions, allant parfois jusqu'à cent nombres, afin de s'asseoir et de se détendre pendant que ceux-ci calculaient.

Gauss nota que les nombres à additionner comportaient toujours un écart de quatre. (ex.: 3456 + 3460 + 3464 + 3468..., chaque nombre a 4 de plus que le nombre précédent.)

Un jour, avant même que le professeur n'ait eu terminé la lecture des nombres à additionner, Gauss avait déjà trouvé la réponse. Il la montra à son professeur qui en resta stupéfait. Il ne pouvait croire que Gauss ait pu répondre si rapidement. Après vérification, il constata que la réponse était exacte. Le jeune Carl avait trouvé une méthode rapide pour additionner qui était basée sur la régularité qu'il avait observée.

Le problème suivant consistait à trouver la somme des nombres entre 1 et 100. Pendant que les élèves additionnaient les nombres deux par deux, Gauss procédait ainsi:

Gauss nota que les nombres pouvaient être réunis en paires et que chaque paire avait une somme de 101.

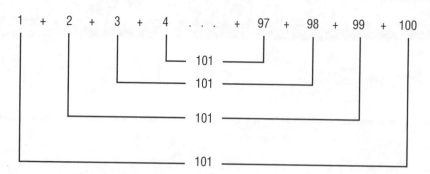

Puisqu'il y a 50 sommes de 101, le total est 50×101, soit 5050.

EXEMPLE: Trouvez la somme de cette séquence: 2, 4, 6, 8, 10, 12, 14, 16.

SOLUTION:

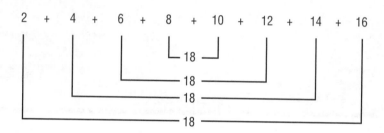

4 paires ayant une somme de 18

4×18

la somme est 72.

EXEMPLE: Trouvez la somme des vingt et un premiers nombres impairs.

Pensez-y: $1 + 3 + 5 \ldots 37 + 39 + 41$.
C'est-à-dire 10 paires dont la somme est 42 et dont le nombre du centre est 21 $(10 \times 42) + 21 =$

Notez que lorsqu'il y a un nombre impair de termes dans la séquence, on additionne le terme du milieu.

Trouvez la somme des nombres suivants pour chacune des séquences.

1. 5   8   11   14   17

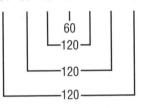
└─ 22 ─┘
└──── 22 ────┘

2. 29 33 37 41 45 49

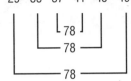
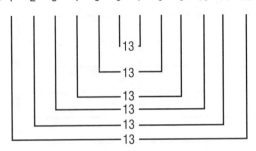
└ 78 ┘
└── 78 ──┘
└──── 78 ────┘

_____

_____

_____

3. 24 36 48 60 72 84 96

│
60
└120┘
└──120──┘
└───120───┘

_____

_____

_____

4. 1   2   3   4   5   6   7   8   9   10 11 12

└13┘
└──13──┘
└──13──┘
└──13──┘
└──13──┘
└──13──┘

_____

_____

_____

 RÉVISION

Dans votre journal de mathématiques, expliquez comment la recherche des régularités vous aide à solutionner des problèmes.

POINTS DE DÉPART

1. Pour savoir comment le périmètre d'un carré et la longueur d'un côté sont reliés, complétez le tableau suivant.

Longueur du côté (cm)	Périmètre (cm)
0	0
1	4
2	8
3	
4	
5	

Quelle régularité observez-vous?

En vous basant sur cette régularité, formulez celle vous permettant de calculer le périmètre d'un carré.

Trouvez le périmètre d'un carré dont un côté mesure: 12 cm; 8 cm; 5 cm.

2. Comment l'aire d'un carré et la longueur d'un côté sont-elles reliées?

Longueur du côté (cm)	Périmètre (cm)
0	0
1	1
2	4
3	9
4	
5	

Quelle régularité observez-vous?

En vous basant sur cette régularité, formulez-en une qui vous permettrait de calculer le périmètre d'un carré.

Trouvez l'aire d'un carré dont un côté mesure: 5 cm; 9 cm; 11 cm.

3. Combien voyez-vous de triangles dans celui-ci? _____

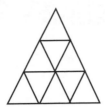

4. Comparez les longueurs de côtés et les aires des triangles de la question 3. Comment les longueurs des côtés changent-elles les aires?

_____

_____

_____

 RÉVISION

Dans votre journal de mathématiques, expliquez en vos propres mots comment vous avez réussi à créer une formule pour trouver le périmètre et l'aire d'un carré.

POINTS DE DÉPART

1. Jacob vend de la crème glacée. Il a débuté la journée avec 36 tablettes de crème glacée dans son chariot. Deux heures plus tard, il recompte ses tablettes et se rend compte qu'il ne lui en reste que 23. Jacob a créé cette équation.

   36 – ? = 23 → *Les termes d'une équation sont égaux de chaque côté du signe d'égalité.*

   a) Combien Jacob a-t-il vendu de tablettes de crème glacée? _____

   b) Jacob a fait un schéma pour vérifier sa réponse.

   Inventaire à l'ouverture   Inventaire deux heures plus tard

   Nombre de tablettes   Nombre de tablettes

   Soustraire

   36 tablettes – 13 tablettes = 23 tablettes

2. Imaginez que Jacob n'ait vendu que 12 tablettes en deux heures. Écrivez une équation pour représenter ses ventes.

   _____

3. Dessinez un schéma pour illustrer ses ventes.

   Nombre de tablettes vendues

   Nombre de tablettes qui restent

1. Dessinez un schéma afin de résoudre chacune des équations suivantes. Ensuite, copiez et complétez chaque équation.

a) _____ + 12 = 20

b) 9 + _____ = 15

c) _____ − 4 = 18

d) 25 = 26 − _____

2. Construisez ces modèles à l'aide de centicubes afin de solutionner ce qui suit.

a) 9 + _____ = 12

b) _____ − 3 = 15

c) 15 − _____ = 7

d) _____ + 7 = 12

3. Écrivez trois façons de changer le côté gauche de l'équation sans que le résultat ne soit affecté.

a) $10 + 7 = 17$ *i)* _____ *ii)* _____ *iii)* _____

b) $26 - 3 = 23$ *i)* _____ *ii)* _____ *iii)* _____

c) $4 + 5 = 9$ *i)* _____ *ii)* _____ *iii)* _____

d) $4 + 0 = 4$ *i)* _____ *ii)* _____ *iii)* _____

e) $8 - 1 = 7$ *i)* _____ *ii)* _____ *iii)* _____

4. Trouvez la valeur du côté gauche de l'équation. Ensuite, solutionnez l'équation en trouvant la valeur manquante du côté droit.

a) $3 + 7 = 10 -$ _____   b) $15 \times 2 = 32 -$ _____   c) $7 \times 7 =$ _____ $+ 5$

d) $8 \div 2 = 2 +$ _____   e) $3 \times 8 =$ _____ $- 12$ f) $5 \times 3 = 1 +$ _____

g) $2 \times 4 = 12 -$ _____   h) $3 \times 9 = 34 -$ _____   i) $12 + 12 = 4 \times$ _____

5. Trouvez la valeur du côté droit de l'équation. Ensuite, solutionnez l'équation en trouvant la valeur manquante du côté gauche.

a) _____ $+ 8 = 4 \times 2$ b) $13 -$ _____ $= 3 \times 3$ c) $12 \times$ _____ $= 100 + 32$

d) _____ $\times 7 = 56 \div 2$ e) $4 \times$ _____ $= 25 \times 4$ f) _____ $\div 3 = 60 \div 3$

g) $5 -$ _____ $= 16 \div 4$ h) $9 \times$ _____ $= 67 - 4$ i) _____ $+ 5 = 3 \times 8$

6. Créez trois équations à votre choix. Écrivez vos réponses sur une feuille mobile. Demandez à un collègue de les résoudre.

a) _____

b) _____

c) _____

> Une *variable* est une lettre ou un symbole utilisé pour représenter un nombre.

7. Les équations suivantes ont une variable qui représente le nombre manquant. Trouvez ce nombre. Expliquez comment vous avez obtenu la réponse.

Équation	Réponse	Explication
a) $9 = 5 + a$		
b) $13 = z + 2$		
c) $p \div 4 = 5$		
d) $60 \div w = 5$		
e) $64 = m \times 8$		

8. Solutionnez ces équations à deux étapes et expliquez comment vous avez obtenu la réponse.

Équation	Réponse	Explication

a) $14 \div 2 = j + 1$ _____

b) $8 \times 2 = a - 3$ _____

c) $20 \div n = 4 + 1$ _____

d) $10 \times 9 = r + 5$ _____

e) $9 \times 5 = b + 42$ _____

9. On ajoute 12 à un nombre, n. Le résultat est 23. Quelle est la valeur du nombre n?

_____

CORRESPONDANCE

1. Michèle organisa une soirée pour 14 personnes. À la fin de la soirée, il ne restait que 8 invités. Écrivez une équation permettant à Michèle de connaître le nombre d'invités ayant déjà quitté.

Solutionnez l'équation.

Équation: _____

Réponse: _____

2. Mélissa est gérante d'un magasin de musique. À la fin d'une journée très occupée, la caisse enregistreuse indique des ventes de 40 CD CO_2. Mélissa compte l'inventaire et note qu'il reste 6 CD CO_2 sur les tablettes. Écrivez une équation indiquant à Mélissa le nombre de CD en inventaire au début de la journée.

_____

RÉVISION

Dans votre journal de mathématiques, expliquez au moins deux méthodes pour trouver le terme ou le facteur manquant.

1. Le clavier du piano ci-dessus indique la suite de notes de la gamme par les lettres de A à G. Identifiez et continuez la régularité suivante jusqu'à ce que la prochaine lettre A apparaisse.

---

2. En vous basant sur l'exemple ci-dessous, en ajoutant/soustrayant par le mouvement des notes vers le haut et vers le bas sur la portée musicale (entre les espaces et lignes, de gauche à droite) réécrivez la régularité visuelle sous forme d'équation numérique.

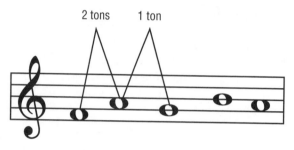

3.

L'ARBRE RYTHMIQUE
(Étant donné qu'une noire vaut un temps)

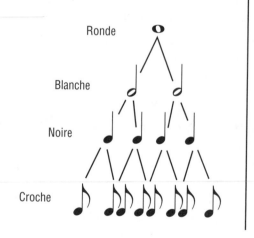

© Guérin, éditeur ltée

4. Réécrivez les équations en utilisant les symboles des notes.

a) $1 + 3 = 4$

b) $2 + 1 = 3$

c) $1 + \dfrac{1}{2} + \dfrac{1}{2} = 2$

d) $2 + 1 + \dfrac{1}{2} + \dfrac{1}{2} = 4$

e) $\dfrac{1}{2} + 1 = 1\dfrac{1}{2}$

f) $\dfrac{1}{2} + 1 + \dfrac{1}{2} + 1 = 3$

 UN PAS DE PLUS

L'arbre rythmique

Complétez les phrases.

a) Combien de noires équivalent à deux blanches? _____

b) Quatre croches sont égales à une _____ .

c) Deux blanches pointées ont le même temps que _____ noires.

d) Trois blanches sont égales à _____ noires ou _____ blanches pointées.

e) Une ronde équivaut à _____ blanches et _____ croches.

f) Deux noires pointées sont égales à _____ .

15.1 ÉVÉNEMENTS ET PROBABILITÉS

Attente
- démontrer une compréhension de la différence entre la probabilité expérimentale et la probabilité théorique.

Contenus d'apprentissage
- identifier 0 et 1 comme étant respectivement la probabilité d'un événement impossible et la probabilité d'un événement certain.
- comparer la probabilité expérimentale à la probabilité théorique d'un événement.
- démontrer que la reprise de la même expérience ou du même sondage peut produire des résultats différents.
- déterminer la probabilité d'un événement à partir des données dans un tableau ou un diagramme.
- démontrer une compréhension de la probabilité lors de prises de décisions.
- résoudre des problèmes de probabilité à l'aide de diagrammes en arbre ou de tableaux.

Qu'est-ce qu'un événement? C'est le résultat possible d'une expérience.

Énumérez les événements possibles.

1. Une pièce est lancée. _____

2. Un seul dé est jeté. _____

3. Cette roulette est tournée. _____

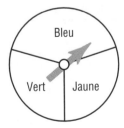

4. Une joute de hockey _____

5. La couleur d'un feu de circulation _____

6. Le sexe d'un nouveau-né _____

Pour faire cette expérience, il vous faut 11 cartes. Sur chacune des cartes, écrivez une lettre du mot PROBABILITÉ.

| P | R | O | B | A | B | I | L | I | T | É |

1. Brassez les cartes et pigez-en une. Notez la carte sur le tableau ci-dessous. Remettez la carte dans le paquet et répétez l'expérience 50 fois.

Carte tirée	Pointage	Effectifs	Effectifs Total
P			
R			
O			
B			
A			
B			
I			
L			
I			
T			
É			

2. La fraction dans la colonne de droite s'appelle *probabilité*.

a) Combien de cartes avaient la lettre **P**? _____

b) Combien y avait-il de cartes? _____

c) Quelle est la fraction des cartes ayant la lettre **P**? _____

d) Comment cela se compare-t-il à l'expérience précédente?

_____

CORRESPONDANCE

Madame Bottier a sept clés dans son sac à main. Elle en choisit une au hasard.

1. L'une des sept clés est celle de la voiture.

Quelle est la probabilité qu'elle choisisse cette clé? _____

2. Deux des clés sont celles de la maison.

Quelle est la probabilité qu'elle choisisse l'une d'elles? _____

3. Quelle est la probabilité qu'elle choisisse la clé de la voiture ou celle de la maison? _____

4. Quelle est la probabilité qu'elle ne choisisse ni la clé de la voiture ni celle de la maison?

_____

UN PAS DE PLUS

Vous et votre coéquipier écrivez autant d'exemples de probabilités que possible en deux minutes. Lesquels vous semblent les plus intéressants?

_____

Feuilletez les journaux et les revues pour trouver des exemples de probabilités.

(Exemple: probabilités d'averses.)

_____

Selon vous, pourquoi est-il important d'étudier les probabilités?

_____

15.2 PROBABILITÉ EXPÉRIMENTALE ET THÉORIQUE

POINT DE DÉPART

Un *résultat favorable* est le résultat d'une expérience satisfaisant à certaines conditions.

Une *probabilité* est le nombre de résultats favorables divisé par le nombre total de résultats possibles.

EN TRANSIT

1. Vous lancez une pièce de monnaie plusieurs fois. Exprimez sous forme de fraction le nombre de fois où la pièce tombera du côté face.

La pièce peut tomber de deux façons. Les deux peuvent se produire en nombre égal. Il y a deux résultats possibles. On dit que la possibilité que la pièce tombe du côté face est:

$$\frac{1}{2} \begin{array}{l} \rightarrow \text{nombre de résultats favorables} \\ \rightarrow \text{nombre de résultats possibles} \end{array}$$

Lancez maintenant une pièce 50 fois et comptez le nombre de fois où elle tombe du côté face.

Calculez la probabilité expérimentale en divisant le nombre de fois où la pièce est tombée du côté face par 50, soit le nombre de fois où la pièce a été lancée.

La probabilité expérimentale est_____

Comment ce résultat se compare-t-il à la probabilité théorique que vous avez calculée précédemment?

_____

2. Vous lancez un dé plusieurs fois. Exprimez sous forme de fraction le nombre de fois où vous obtenez un quatre.

Le dé peut tomber de six façons. Celles-ci peuvent se produire en nombre égal. Il y a six résultats possibles. On dit que la possibilité d'obtenir un quatre est:

$$\frac{1}{6} \begin{array}{l} \rightarrow \text{nombre de résultats favorables} \\ \rightarrow \text{nombre de résultats possibles} \end{array}$$

Lancez maintenant un dé 100 fois et comptez le nombre de fois où vous obtenez un quatre.

Calculez la probabilité expérimentale en divisant le nombre de fois où vous obtenez un quatre par 100, soit le nombre de fois où le dé a été lancé.

La probabilité expérimentale est_____

Comment ce résultat se compare-t-il à la probabilité théorique que vous avez calculée précédemment?

_____

CORRESPONDANCE

1. Répétez les expériences précédentes avec une roulette comme celle illustrée ci-dessous.

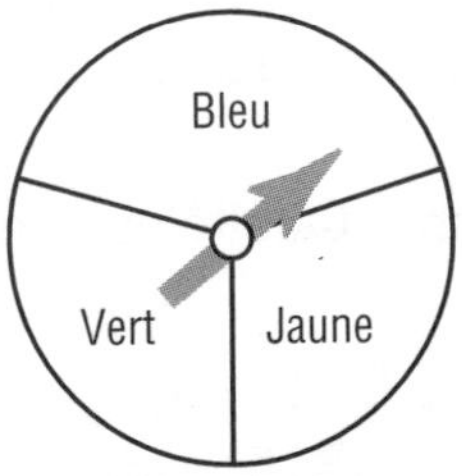

Quelle est la probabilité expérimentale d'arriver sur le bleu?_____

Tournez la roulette 50 fois et trouvez la probabilité expérimentale d'arriver sur le bleu.

_____

2. Un sac contient 10 jujubes rouges, 5 blancs et 15 noirs.

Vous en sortez un du sac au hasard. Quelle est la probabilité expérimentale que ce jujube soit

a) rouge? _____

b) blanc? _____

c) noir? _____

UN PAS DE PLUS

1. Vous lancez deux pièces de monnaie en même temps. Quelle est, selon vous, la probabilité que les deux pièces tombent du côté face?

_____

Menez l'expérience 50 fois et calculez la probabilité expérimentale que les deux pièces tombent du côté face.

Les résultats sont-ils différents de votre supposition? Pourquoi?

_____

2. Vous lancez deux dés en même temps. Quelle est, selon vous, la probabilité que leur somme soit de 10?

_____

Menez l'expérience 100 fois et calculez la probabilité expérimentale que la somme soit 10.

Les résultats sont-ils différents de votre supposition? Pourquoi?

_____

Un *diagramme en arbre* est un diagramme dont les branches permettent de montrer tous les résultats possibles d'une expérience.

1. Chad lance une pièce de monnaie deux fois et note le nombre de fois où elle tombe du côté face. Un diagramme en arbre lui permet de présenter ses résultats.

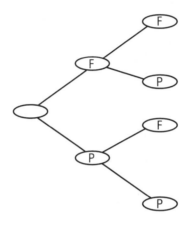

a) Les résultats de cette expérience sont FF, FP, PF et PP.

b) Quelle est la probabilité d'obtenir deux côtés face? _____

c) Quelle est la probabilité d'obtenir un côté pile et un côté face? _____

2. Cette roulette est tournée deux fois.

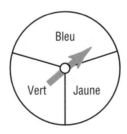

Répondez aux questions suivantes à l'aide de ce diagramme.

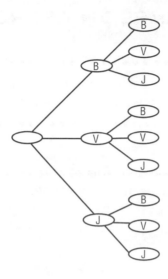

a) Énumérez tous les résultats possibles.

_____

b) Quelle est la probabilité d'obtenir 2 bleus? P (BB) =_____

c) Quelle est la probabilité d'obtenir exactement 1 vert? P (V) = _____

d) Quelle est la probabilité d'obtenir 1 jaune et 1 bleu? P (BJ) et P (JB) = _____

 EN TRANSIT

1. Dessinez, sur une feuille séparée, un diagramme en arbre pour représenter une famille de deux enfants.

a) Quelle est la probabilité d'avoir 2 garçons?_____

b) Quelle est la probabilité d'avoir au moins 1 fille? _____

2. Dessinez, sur une feuille séparée, un diagramme en arbre pour représenter une famille de trois enfants.

a) Énumérez les résultats possibles. _____

b) Quelle est la probabilité d'avoir 3 filles? _____

c) Quelle est la probabilité d'avoir précisément 2 filles? _____

d) Quelle est la probabilité d'avoir au moins 2 filles?_____

CORRESPONDANCE

1. Il y a dans un sac trois blocs colorés (un rouge, un bleu et un noir). On sort un bloc du sac et on note sa couleur. Le bloc est ensuite remis dans le sac. On sort à nouveau un bloc du sac et on note sa couleur.

   a) Dessinez, sur une feuille séparée, un diagramme en arbre illustrant ces données.

   b) Énumérez les résultats possibles. _____

                        _____

   c) Quelle est la probabilité qu'un rouge soit choisi avant un noir? _____

   d) Quelle est la probabilité que les blocs pigés soient de couleur différente? _____

2. Au basket-ball, un joueur a droit à un lancer franc. Le joueur peut prendre le deuxième lancer seulement si le premier est réussi. Le joueur peut compter 0, 1 ou 2 points selon le nombre de lancers réussis. Considérant que le joueur a autant de chances de réussir le panier que de le rater, faites un diagramme en arbre pour représenter la situation. (Utilisez une autre feuille.)

Quelle est la probabilité pour le joueur d'obtenir

   a) 0 point?_____

   b) 1 point? _____

   c) 2 points? _____

UN PAS DE PLUS

Supposez un joueur de basket-ball qui a une précision au lancer de 30 % (c'est-à-dire 0,3 de probabilité d'atteindre le panier). Quelle sera la probabilité que le joueur obtienne:

   a) 0 point? _____

   b) 1 point? _____

   c) 2 points? _____

POINT DE DÉPART

Mélissa a lancé une pièce de monnaie à deux reprises. La pièce est tombée du côté face aux deux essais. Quelle est la probabilité qu'elle obtienne encore le côté face, si elle lance la pièce à nouveau?

Que la pièce soit tombée deux fois du côté face n'aura aucun effet sur le prochain essai. Chaque lancer est indépendant. Donc, la possibilité équivaut toujours à $\frac{1}{2}$.

EN TRANSIT

Indiquez, pour chacune des questions, si la probabilité reste la même ou si elle varie.

1. Lancer un dé et obtenir un 5 trois fois de suite.

Si le dé était lancé une autre fois, la probabilité d'obtenir un 5 demeure-t-elle la même?

_____

2. Une famille compte trois filles. Si les parents avaient un autre enfant, la probabilité d'avoir une fille reste-t-elle la même?

_____

3. Dans un sac, il y a quatre jujubes rouges et six noirs.

Les jujubes sont sortis du sac et mangés. Si les trois premiers jujubes mangés sont rouges, la probabilité que le prochain jujube soit rouge reste-t-elle la même qu'au début?

_____

4. Vous avez pratiqué le lancer franc au basket-ball. Vous atteignez le panier $\frac{1}{4}$ du temps. Vous réussissez dix fois de suite. Si vous lanciez une autre fois, la probabilité d'atteindre le panier serait-elle la même qu'au début?

_____

CORRESPONDANCE

Les prévisions météorologiques annoncées à la télévision indiquent 20 % de chance de pluie pour l'après-midi. Devriez-vous annuler l'excursion prévue avec vos copains? Pourquoi?

La météo prévoit 80 % de chance de pluie pour demain. Devriez-vous prendre votre parapluie? Pourquoi?

RÉVISION

Comment les probabilités aident-elles à prendre des décisions?

ANNEXE

GLOSSAIRE

Aire: Mesure en unités carrées de la surface délimitée par une région plane.

Angle: Figure formée par deux demi-droites, (ou côtés), ou par deux demi-plans, (ou faces) qui se coupent.

Axe de symétrie: Droite qui sépare une figure en deux parties congrues dont l'une est l'image de l'autre.

Capacité: La capacité d'un récipient correspond au volume de liquide que peut contenir ce récipient.

Coordonnées: Une paire ordonnée de nombres utilisée pour localiser des points sur un quadrillage ou dans un plan. Le premier nombre indique la position horizontale et le deuxième, la position verticale.

Dallage: Procédé qui permet de recouvrir une surface à l'aide de polygones sans laisser d'espace et sans chevauchement.

Dallage régulier: Dallage construit à l'aide de polygones réguliers.

Degré: Unité servant à mesurer les angles.

Développement d'un solide: Représentation sur un plan de diverses faces d'un polyèdre de telle sorte que toute paire de faces a au moins une arête commune et que toutes les faces sont reliées entre elles.

Diagramme à bandes: Représentation d'un ensemble de données dans laquelle on fait correspondre à chaque valeur de la variable une bande rectangulaire dont la longueur est proportionnelle à la fréquence de cette valeur.

Diagramme à ligne brisée: Diagramme dans lequel les données sont représentées par des points qui sont ensuite reliés entre eux par des segments, formant ainsi une ligne brisée.

Diagramme circulaire: Diagramme illustrant un ensemble de données statistiques dans lequel, pour chaque variable correspond un secteur circulaire dont l'angle est proportionnel à la fréquence de cette variable.

Diagramme en arbre: Diagramme qui permet d'organiser et de représenter une liste de nombres en les regroupant par dizaines et par unités.

Effectifs: Le nombre de fois où quelque chose se produit.

Équation: Énoncé mathématique comportant des termes équivalents des deux côtés d'un signe d'égalité.

Événement: Sous-ensemble de l'ensemble de résultats possibles lors d'une expérience aléatoire.

Face: La face d'une figure tridimensionnelle correspond à la forme bidimensionnelle de cette figure.

Facteur: Nombre qui peut diviser un autre nombre, sans reste.

Figures congrues: Figures géométriques ayant les mêmes formes et les mêmes dimensions.

Fraction: Nombre représentant une partie d'un tout quelconque.

Homothétie: Transformation qui a pour effet d'agrandir ou de réduire une figure selon un rapport donné, de telle sorte que l'image soit semblable à la figure originale.

Masse: Quantité de matière d'un objet.

Médiane (statistique): La valeur du milieu d'une série de données.

Mira: Un miroir transparent utilisé en géométrie pour localiser les droites de réflexion, les images réfléchies et les axes de symétrie.

Mode: La ou les valeurs qui possèdent les effectifs les plus élevés dans une distribution de données discrètes.

Multiple: Nombre entier qui contient un autre nombre entier deux ou plusieurs fois exactement.

Nombre composé: Nombre naturel supérieur à 1 qui a plus de deux diviseurs entiers.

Nombre premier: Nombre entier supérieur à 1 qui a exactement deux diviseurs entiers le nombre lui-même et un.

Nuage de points: Diagramme utilisé pour examiner les résultats d'une expérience.

Parallélogramme: Quadrilatère dont les côtés opposés sont parallèles.

Pentagone: Polygone à cinq côtés.

Périmètre: Longueur du contour d'une figure plane fermée.

Plus petit commun multiple: (P.P.C.M.) Le plus petit nombre (sauf 0) qui est le multiple de deux nombres entiers ou plus.

Polyèdre: Solide limité de toutes parts par des portions de plans déterminées par des polygones, aussi appelées *faces du solide*. Un polyèdre est synonyme de solide du plan.

Prisme: Objet tridimensionnel dont les faces sont des polygones.

Probabilité d'un événement: Rapport entre le nombre d'éléments d'un événement (résultats favorables) et le nombre total de résultats possibles dans une expérience aléatoire.

Pyramide: Polyèdre dont les arêtes sont obtenues en joignant les sommets d'un polygone (appelé la base) à un point S (appelé sommet), non situé dans le plan de ce polygone.

Quadrilatère: Polygone à quatre côtés.

Rapport: Quotient de deux quantités de même nature que l'on compare.

Rayon: Un segment de droite dont les extrémités sont le centre d'un cercle et un point sur le cercle.

Réflexion: Symétrie par rapport à un axe perpendiculaire à une direction donnée.

Résultat favorable: Le résultat d'une expérience satisfaisant certaines conditions.

Rotation: Transformation selon laquelle chaque point d'une figure tourne autour d'un point fixe, appelé *centre de rotation*, selon un angle de rotation donné.

Sondage: Procédure d'enquête sur certaines caractéristiques d'une population, à partir d'observations sur un échantillon limité, considéré comme représentatif de cette population.

Suite non numérique: Ensemble de figures géométriques, de motifs, de couleurs,... disposés selon un ordre et habituellement soumis à une règle. *Remarque*: prolonger une suite signifie trouver les prochains termes de la suite tout en maintenant la régularité.

Suite numérique: Ensemble de nombres disposés selon un ordre et habituellement soumis à une règle.

Tableau de pointage: Tableau où l'on marque les effectifs d'un sondage un à un.

Taux: Rapport qui compare des mesures exprimées dans des unités différentes (telles que des kilomètres et des heures 50 km/h).

Transformation géométrique: Opération qui, à partir d'une règle donnée, consiste à faire correspondre tout point du plan à une et une seule image.

Translation: Glissement selon lequel chaque point d'une figure est déplacé dans le même sens, dans la même direction sur une distance précisée.

Triangle isocèle: Triangle avec deux côtés congrus.

Valeur positionnelle: Valeur accordée à la position occupée par un chiffre dans un nombre.

Variable: Terme indéterminé dans une équation ou une inéquation qui peut être remplacé par une ou plusieurs variables.

Volume: Mesure en unités cubiques de l'espace à trois dimensions occupé par un corps.

Achevé d'imprimer
en l'an deux
mille
deux
sur les
presses des
ateliers Guérin
Montréal (Québec)